どすこい　出版流通●目次

どすこい出版流通

●目次

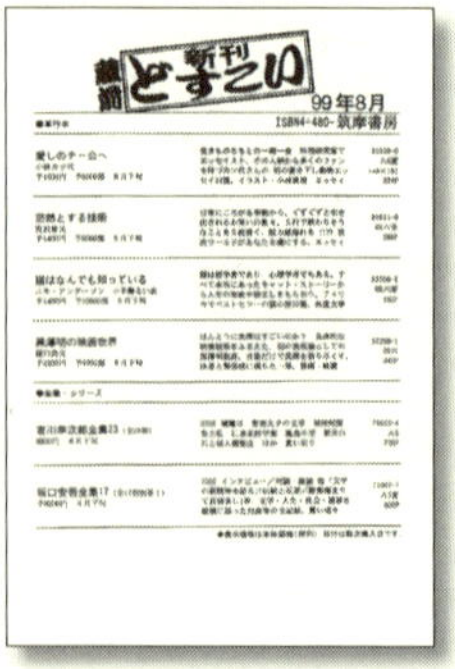

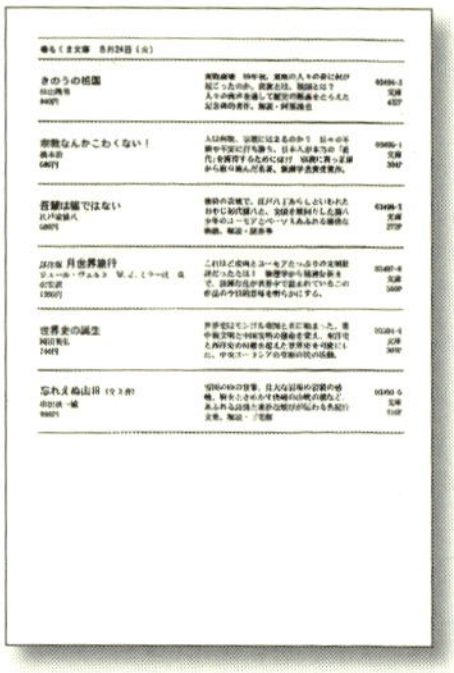
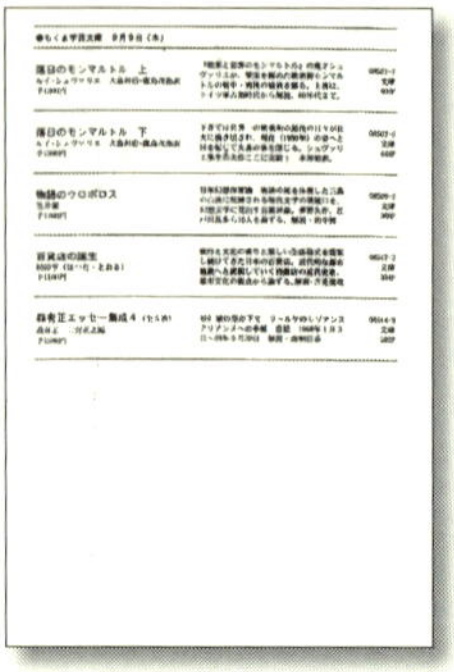

本書の制作にあたって

◉本書の初出となる「蔵前新刊どすこい」は、筑摩書房営業局が、書店向けに新刊予定や広告掲載などを案内するために月刊で発行しているものである。インターネット上でも、書店専用サイト「webどすこい」がある。

◉本書はこれに連載された「営業局通信」のうち、著者・田中達治氏が執筆した1999年8月号から2007年2月号までのものをまとめたものである。

◉まとめるにあたって、個人名などもふくめて原稿への修正は最小限にし、初出発行時のものをできるだけ活かすことにした。

◉書店向けに書かれたコラムで、業界用語も多く登場するため、それらについては編集部で注を加えた。注執筆は、版元ドットコムの組合員社・会員社・会友の有志に依頼して協力を得た。

著者がすでに他界しているため、注原稿に著者の意思はまったく反映されておらず、すべてポット出版編集部と注執筆者の責において執筆した。このため、それぞれの注の文末に執筆者名を入れた。

ポット出版編集部

どすこい　出版流通

著●田中達治

共有書店マスタが出発

▼1999年8月

もうすぐ「共有書店マスタ」ができあがる。「できあがる」というが、「共有書店マスタ」の真価はその完成されたデータベースにあるわけではない。正確には「共有書店マスタ」は永遠に完成されることはないのである。新規出店・改装・帳合切替・廃業など、書店の環境は刻々と変化する。これをリアルタイムに把握するための永続的な情報ネットワークが「共有書店マスタ」なのだ。

出版社にとって「共有書店マスタ」がいかに重要なツールであるか、書店さんにはなかなか理解しにくいことだろう。現在、筑摩書房も独自の書店マスタを持っている。書店数は約8千店になるが、全国の書店数は2万5千店といわれている。筑摩書房のマスタは書店がはじめて売上スリップを送付してきた時、入力するしくみだ。ほとんどの出版社が同じ方法で作っている。筑摩版書店マスタの店数が少ないのは売れた店が少ないということで、悔しいがこれが現実だ。書店に販売促進をかけるには、まず書店を知らねばならない。自明のことだ。多くの書店が批判する配本パターンも、制度そのものが存在悪なのではなく、出版社が個々の書店情報を充分に把握できないでいるのに、できているつもりで決めつけてしまう独善こそが問題なのだ。

出版社は、これまで書店の販売データを格納するための信頼できる「共有書店マスタ」を持たずにすませてきた。たかが2兆円業界というなかれ、これこそ恥ずべきことである。書店POSのデータを共同回収するP－NET機構も出版社数が70社を越え、いままで未回収であったり、不正確だったデータの入手が可能になってきた。「共有書店マスタ」が配信されるようになれば、出版業界は大きな情報インフラを手に入れたことになる。

「共有書店マスタ」はいうまでもなく単なるツールであり、魔法の箱ではない。VANやPOSなどの情報系ツールも同じことで、それ自体が自動的にビジネスを拡大したり利益を生み出すことなどあり得ないのだ。小社は営業部長だった菊池明郎がめでたく(?)社長に就任し、この「営業部通信」は私が引き継ぐことになった。せっかくなので勉強のつもりで出版流通の川上川下のさまざまな情報処理の実例を取り上げていきたいと思う。ご意見・ご批判があればメイルでどうぞ。

▼**共有書店マスタ**……日本国内の全書店（一部日本法人の海外店舗を含む）に与えられる一意のコード及びそのコード体系。いわば「日本の全書店のデータベース」。出版業界の有志が集まって立ち上げられた有限責任中間法人「共有書店マスタ・ユーザ会」により維持・管理されている。【高島】

▼**売上スリップ**……書店で販売されている本に挟まれた短冊状の紙。短冊とも言う。片面がその本の補充・追加するための「注文書」。片面が出版社に返送するための「売上カード」など、の組み合せが多い。「売上カード」は、書店の売上データとして出版社に返送され、マーケティングや配本などの基礎資料として活用されていたが、近年はPOSにその機能が置き換わりつつある。【高島】

▼**配本パターン**……新刊書籍をどの書店にどの程度の数「配本」するかを店舗の実績などに基づいてパター

ン化したランク（または数値）。取次が「配本パターン」を適用する場合と、出版社が「自社パターン」によって「配本パターン」を指定する場合がある。【高島】

▼P-NET機構……三菱総研DCSが運営する出版物販売情報収集・解析システム。1996年スタート、2008年6月現在出版社約200社が利用、全国5千書店以上の売上データの取得が可能。1990年代初頭の講談社DC-POS、小学館しょうたくん、10社共同レインボーネットワークなどの売上スリップ回収解析業務がベース。POSレジの普及でリアルタイムに近い状態で販売情報の収集が可能になり一気に利便性が高まり利用度が増した。【桑原】

▼VAN（出版VAN）……付加価値通信網（Value Added Network）。企業同士が情報を交換するための仕組みのひとつ。出版業界では取次と出版社を結ぶ専用のネットワークが「出版VAN」と呼ばれ、書誌・在庫・受発注・返品などの各情報が交換されている。当初はNTTデータが管理していたが、2003年4月より「新出版ネットワーク」となり、日本出版取次協会が運営し、実際の維持・管理は富士通FIPがおこなっている。業界内では「出版VAN」または「VAN」と旧来の呼び名のまま使われることが多い。【高島】

▼POS……販売時点情報管理（Point of sale）。売上実績を単品単位で集計すること。【桑原】

自動発注考

▼1999年9月

私は自動発注が嫌いだ。そのシステムに「自動」という言葉を冠した発想が浅薄だ。「自動」の効力の及ぶ範囲は「売れると決まっている定番商品が売れた時に担当者の手を煩わすことなく、すばやく発注できる」というおそろしく限定されたものである。それならば業界に永く定着していた常備スリップにも、もう少し敬意を払ったほうがよい。

もちろん、手渡しで「紙」をリレーすることや、物流拠点で何度も「仕分け・集計」を繰り返さなくてはならないことなど、アナログの弱点は今や明白で、デジタル情報のネットワークが整備・強化されてゆくのは当然だ。それでも私は自動発注が嫌いだ。書店で文庫棚の乱れを指摘すると「自動発注がかかってますから」とか、「自動発注なのだから棚はいじるなって言われてます」などというトンチンカンな受け答えが返ってくることがある。自分の手抜きの言い訳に自動発注を持ち出されるのでは、自動発注もかわいそうだが、やはりウンザリしてしまうのである。そしてさらに、コンピュータはこのトンチンカンな人たちよりもっと融通がきかないお人柄なのである。

融通がきかないということは、決められたことをひたすらに実行するということである。

(1) 定番の登録と解除はいつ誰がすることになっているのか。本当に実行されているか。

(2) 品切れや万引による欠本は少なくない。定期的な欠本チェックはできているか。

(3) フェアなどの平積み商品をこまめに定番解除しているか。

以上のことができなければPOS自動発注はしないほうがよい。書店経営者にお話しすると「それしきのイロハは最初から心得ている」とお答えになることが多いのだが、しっかりやれているケースは稀なのである。例えば定番の登録・解除というのは「なにをどう売ろうか」という陳列のセンスが問われる仕事で、決して機械的な作業ではない。また書店SA開発はまだまだ熟成しているわけではなく、特に売場で商品を確認しながら登録・解除ができるハンディターミナルの普及が遅れているのが致命的だ。大量のメモをとってバックヤードで入力するのは思いのほか厄介なものだ。システムの有効活用はシステムの弱点を知り尽くすことに始まるのではないだろうか。

▼**自動発注**……売れた、もしくは在庫が一定の値を下回った商品を手作業によらず自動的に発注する仕組み及び方法。ＰＯＳレジ（ＰＯＳ＝ポイント・オブ・セールス。販売時点での情報管理が可能なレジ）による単品管理と取次とのオンライン化が前提となり、出版社の在庫情報が開示されていることも望まれる。【高島】

▼**常備／常備スリップ**……出版社の在庫を所有権を移さないまま店頭に展示する制度。書店は仕入時の支払負担がなくなるが、通年の展示と売上時の補充発注の義務を負う。常備品であることを表示するために本に挟み込むのが常備スリップ。かつては補充注文書として書店・出版社間の往復をくり返すために丈夫な厚紙製だったが、現在はバーコード入りの電算スリップにほぼ置き換えられている。【須田】

▼**品切れ**……商品の在庫が無くなり、注文に対応できない状態のこと。重版待ち・返品待ちのように数日〜数週間で解消する短期品切れと重版予定のない長期品切れに区分される。在庫があっても版元が便宜的に「品切れ」を宣言することもある。【須田】

▼**万引き**……刑法235条にある窃盗罪にあたる行為。間引きが語源といわれる。他の業種と比べても粗利率の低い書店ではその被害が甚大である。小学生から老若男女を問わずあらゆる年代が犯行におよんでいる。その対象はコミックから大型事典、美術書まで商品種別を問わない。コミックを一気に数十冊万引きという例も珍しくない。転売目的や犯行を繰り返すなど悪質なケースも多く、万引きによって閉店する書店もあるといわれる。【池田】

▼**欠本**……書店にあるべき本が欠けている状態。販売機会の逸失となるので避けなければならないが、本文にあるような理由で補充が滞ると棚卸しまで（あるいは棚卸し後も）解消されないことが起こりがちになる。【須田】

▼**フェア**……出版社の要請・提案や書店自身の企画で、関連した書籍を、店頭の目につきやすい平台や棚、ワゴンを利用して販売すること。共通のオビやパネル、看板、出品目録などを作成したり、読者プレゼン

トを用意して、アピールすることもある。【吉岡】

▼**平積み**……本の陳列方法の一つ。棚ではなく、台の上に本を平らに積み上げて表紙が見えるように並べること。新刊や話題の本、季節やイベントに関わる本など、タイミングよく販売したいものが並べられる。【吉岡】

▼**定番／定番解除**……書店が常に仕入れて陳列しておこうと判断したもの。ここでは、書店員の記憶などではなくコンピュータシステムを使ってそれを管理する場合のことが書かれている。【池田】

▼**ハンディターミナル**……バーコード読み取り、簡単な入力機能などを備えた携帯端末機。読み取ったデータはホストコンピュータによって一元管理される。倉庫、売場の商品管理に出版業界でも普及し始めたが、他業種に比べると、普及はかなり遅れた。【塚田】

▼**SA**……ストア・オートメーション（store automation）。小売店にコンピュータを導入して販売管理、在庫管理、発注などの業務処理を行うこと。POSレジ、携帯型の入力端末ハンディターミナル、データ分析やオンラインで取引先と情報交換を行うサーバーなどを導入する。書店においては郊外型書店が増えた80年代後半から導入が始まり、現在ではほとんどの主要書店はSA化されている。【星野】

▼**在庫情報**……その商品があるのか無いのか、出荷可能なのか不可能なのかといった商品の在庫状況と出荷の状態を表す情報。この情報を標準化し出版業界共有のコードとしたものは「在庫ステータス」と呼ばれ、VANで交換される在庫情報を形作るデータとなる。【高島】

筑摩書房のホームページプロジェクト進行中

▼1999年10月

「どうして筑摩さんはホームページがないんですか?」。書店さんや同業者によくたずねられる。もしかするとと思っていたが、つい最近、採用試験で面接した何人かの若い方々からも同様の質問をうけてしまった。書協ホームページ「Books」とのリンクが可能になってからは加速度的に開設出版社が増え、今では500社を超えるそうだ。小社のホームページ開設が遅れたのは「とりあえず開いてます」が嫌だったのと、勉強する時間が欲しかったからだ。そんなわけで今、プロジェクトを作って進行中である。

小学館さんにIDとパスワードをお借りして、同社の「全国の書店のみなさんコーナー」をたっぷりとサーフィンさせてもらった。すばらしいHPだ。デザインもいいしコンテンツも充実している。そしてなによりもわかりやすい。書店さんの評判がいいと聞いていたが、これほどユーザー本位に出来上がっていればもっともなことである。まだご利用になってない書店さんはさっそく〈http://www.shogakukan.co.jp〉にはいって、書店登録されるといい。きっと役に立つと思う。

しかしこのシステムを支える基盤のメンテナンスは相当な力技であろう。例えば

(1) 新刊登録がリアルタイムに更新されている。

(2) 在庫情報がもれなくふられている。

(3) 発注商品の出荷情報を追跡できる。

(4) 基本的に翌日出荷である。

こういう条件を満たすには編集、システム、宣伝、製作、営業、物流まですべてのセクションの協力がなければできない。目標にしたいと思う。

『現代日本文学大系』復刊セットセールの予約受注がすでに200セットに達する勢いで、昨年の『筑摩世界文学大系』同時期受注数を上回ってしまった。『世文』に比べ

て個人需要が多い。かつて経験のないほどの消費が低迷するなか、50万円近くもする大全集をポンポンと買ってくださるなんて想像もしてなかった。今期、救いの神となるやもしれぬ。嬉しい誤算だ。公共・学校図書館も順調だが、公費の大型発注はこれから本格化する。『世文』は発注が遅れて買い漏らした図書館が続出してしまった。カタログ重版できたのでご請求ください。

▼**書協ホームページ「Books」**……日本書籍出版協会が1997年9月9日にオープンした書籍検索が可能なホームページ（http://www.books.or.jp/）。それまで冊子で発行してきた「日本書籍総目録」を無料公開したもの。毎年、出版社に対して出荷できるかどうかを調査してきた「日本書籍総目録」を公開したことで、読者は初めてインターネット上で流通可能な書籍を検索できるようになった。その後、このデータベースに新刊、近刊を追加するなど日々整備することが模索され、現在、書籍の基本データベースになりつつある「商品基本情報センター」のデータベースが構築されるきっかけのひとつとなった。Books自体は書籍協会での運用は経済的に難しいため凸版印刷に運営を移管している。【星野】

不安が蔓延する出版業界の存在意味

▼**1999年11月**

戦後これほどに上流から下流まで隈なく業界不安が蔓延した時代はないかもしれない。書店の売上は前年を大幅に下回り、安定収入源の雑誌も低迷し、不敗神話に祭られたコミックさえもが喘いでいる始末である。また経済不振の煽りをまともに受けて無謀ともとれる出店と廃業が後を絶たず、果ては新古書市場や漫画喫茶の拡大、オンライン書店の台頭、CVSをチャネルとした客注システムの取次参入など、既存出版流通を脅かす不安要素は枚挙に暇がない。流通ばかりではない。パソコンの普及は急速に進み、もはや家電化しつつあると言っても過言ではない現在、情報ネットワークの主流が紙媒体であった時代から過激に転換しようとしている。商業出版という一見権威あるシステムを通さずとも、誰でもが同時多発に情報を発信し、収集も自在なのである。振り返れば無読世代のわが息子娘たちがアッケラカンと笑っているではないか。いったい書店ってなんなの？　出版社ってなんだったんだっけ？

滅茶苦茶なパニックに陥っている出版業界だが、嵐にみまわれているのは他業界とて同様なのだ。たとえばCDショップなんて衛星通信ショッピングで存在そのものを否定されかねない時代だ。幸いわが業界のメディアは有史以来の強力インフラで、いきなり消えてなくなることはないはずだ。情報発信は誰でもできようが、面白い情報を企画して集める能力と信頼で出版社は勝負している。言うまでもなく出版社とは企画を商品化して、その販売利益とリスクを請け負う会社のことである。大所高所の議論も大切だが、出版がその原点を見つめ直す時でもある。小社ももっと面白い本を出さなければならないし、それ以外の打開の策はない。書店もぜひ考えてみてほしい。

小田光雄著『出版社と書店はいかにして消えていくか』（ぱる出版）が売れている。詳しく内容紹介する紙面がないのが残念だが、バブル崩壊後の血の出る後始末がいたるところで進行しているなか、出版業界だけがいまだバブルのさなかを彷徨っており、のみならずそれを認識することすらできずに崩壊を迎えようとしている、といったコワーイ話だ。すべての業界人に一読を勧める。この本に業界を救う方策は示されていない。しかし10年前には考えられないこともこの本をめぐって起きつつある。この本の普及を妨害したり、揚げ足をとるような行動が業界にまったくみられないことだ。それどころか今小田さんは書店・取次・出版社からの講演依頼に忙殺されている。

最後に、小田氏の私へのコメントを紹介する。

「俺らみたいなバカがさー、本気で馬鹿やれる広場がなくなっちゃあ困るじゃん」でした。

▼新古書市場（新古書店）……ブックオフに代表されるコミックや文庫を中心とした中古本を買い取り、販売する店舗。90年代の中盤からフランチャイズなどでチェーン店舗を拡大する新古書店が数多く出現し全国に拡大した。従来の古書店と異なり、買取・販売額決定をマニュアル化して「熟練」を不要にしたとされる。そうした新古書店の多くは高い収益力を誇り、新刊書店ではなかなか果たし得ない株式の上場を行う新古書店も多く出現した。最大手のブックオフは現在1千店舗を超えている。【星野】

▼漫画喫茶……コーヒー代だけでマンガ本や雑誌を自由に読んで時間をつぶせる喫茶店。当初はマンガ、雑誌程度のサービスだったが、その後はテレビゲーム、インターネット、簡易シャワーなども備えられ、インターネットカフェといわれた業態と融合していった業者も多い。いまはネットカフェ、複合カフェと呼ばれるようになっている。一部の出版社からは無料でコミックを読ませることで市場に悪影響を及ぼすとの批判がある。【星野】

▼オンライン書店……インターネットを使った書籍の通信販売。ホームページで書籍のデータベースを公開し、注文を受けると宅配便で個人宅に届ける。アメリカのアマゾン・コムが世界最大規模で日本にも法人がある。日本では1995年に丸善が大学向けに開始したのが最初だといわれているが、利用が本格化したのはアマゾンジャパンがサービスを開始した2000年以降。現在はアマゾンジャパン、楽天ブックス、セブンアンドワイ、bk1、紀伊國屋BookWebなどがサービスをおこなっている。【星野】

▼CVS……コンビニエンスストア（convenience store）。実は日本で最も出版物を販売しているのはセブンーイレブン・ジャパンである。雑誌については最も有力な販路になっている。CVSが取り扱いを止めて休刊に追い込まれた雑誌まで出現している。【星野】

▼小田光雄著『出版社と書店はいかにして消えていくか』（ぱる出版）……1999年に刊行された出版関連本。日本の出版市場を拡大してきた委託、再販といったシステムが、市場の縮小という新たな現実の中で崩壊することを詳細なデータを用いて指摘した。当時、大手取次・日本出版販売の経営危機が朝日新聞の一面を飾るなど出版業界全体に不透明感が漂っていたこともあって、同書は業界人に大きな衝撃をもたらした。【星野】

古書が紛れて返品されたら

▼1999年12月

新古書店が躍進している。既存新刊書店のすぐそばに臆面もなく出店するのだからたまらない。ゲームソフト業界も大騒ぎだったが、わが業界は再販という制度で身を固めている分、「新」と「中古」の価格の格差が際立ってしまうので、なんとも皮肉な話である。業界紙のコラムによく見かける論調で、「せめて業界人とその家族はブックオフを利用しないようにしようではないか」といったアジテーションは世間から失笑を買いかねない。合法的な業態である限り、あるものはあり続けるに違いない。

しかしふと思ったのだが、ひとつの法人が新刊書店と新古書店の両方を経営するとなると話は違う。読者から安く買い入れた「中古本」を新刊ルートで「通常返品」されたらどうなるんだろう。その会社はボロ儲け、委託販売制度を根幹から揺るがす事態である。もちろんこれは立派な犯罪だが、ありえない話ではない。「李下に冠を正さず」というではないか、書店さん、どんなに心が疼いてもそれだけはやめましょうね。あながち冗談とは思えないことに、近頃取次さんではスリップなし返品の逆送チェックを強化しているそうだ。だれでも考えるのは同じということか。

万引き対策でもスリップは欠かせない。先日ある大書店さんから小社の常備品のなかに1冊スリップのついてない本があったのでスリップを1枚くださいという要望がでた。その時はなんて細かいことをと思ったが、スリップのセキュリティ面での働きを思えば当然のことなのだと近頃反省している。POSの普及ですっかり存在感が薄れてきたとはいえ、まだまだスリップに引退されるわけにはいかないようだ。

ところで一時は「なんでも揃っている」と話題になっていた新古書店だが、さすがに筑摩の本は不揃いだとわが営業スタッフが鼻を高くしていた。ま、それだけ売り手も買い手も少ないってことなんだよね。しかしだからこそ、思いのままに工夫を凝らした仕入れができるのも、新刊書店の強みなんだということも忘れないでおこう。

▼**通常返品**（**返品**）……書店が取次を通して仕入れ、売れ残った書籍・雑誌を、その取次を通じて出版社に戻すこと。【吉岡】
▼**委託販売制度**……新刊（重版の場合もある）発行時に期間を決めて書店に書籍・雑誌を委託し、その期間内に売れたものの代金を受けとり、売れ残ったものを返品してもらう販売システム。新刊委託などとも言われる。新刊発行以降は「注文」という取引条件になり、本来返品は出版社の了解を必要とするなどの制限があったが、近年は新刊委託・注文ともども返品を前提にするような状態が増えているようだ。【吉岡】

自動発注考 Part2

▼**2000年1月**

「自動発注をするようになって棚の欠本が気になってならない。チェックすると必ず重要なアイテムが欠本になっている。デジタル注文は取次・出版社で品切れになった時、その情報はどこでどのように処理されるのか。捨てられてしまうのか？　書店はどうすればよいのか」。ある書店さんの質問だ。

宿題遅れてすみませんでした。B取次さんの親しい方に教えていただきました。デジタル注文の事故（出庫不可能品）はどのように処理されるかは、いたって簡単なことでした。

（1）出版社がVAN接続していない場合

取次に在庫がなかったらその段階でスリップに打ち出されて出版社に陸送される。その後はまったくの出版社まかせなので

①スリップで出版社から出庫される。
②出版社にも在庫がなく出版社が事故伝として返す。
③出版社にも在庫はないのだが重版・返品待ちでズルズルとその出版社が保留してしまう。

という三通りのケースが考えられます。②は納品まで相当の時間がかかるはずです。③のケースは絶望的にどうなるかわかりません。出版社によっては2、3ヶ月かかえるのは平気なところもあります。

（2）出版社がVAN接続している場合
①取次不在庫でも出版社在庫ステータスが「有り」ならVAN経由で出版社で出庫される。
②出版社の在庫ステータスが品切れとなっていれば取次で事故伝を打ち出して書店に返す。品切れのステータスにも事実上絶版と重版・返品待ちの二種類があります。後者の場合には事故伝に「再発注してください」のコメントが入るそうです。

いずれにせよ出庫されなかった注文は「紙」で書店に返されるのです。貴店では返された事故伝はどうされているのでしょうか。

①書店は「再発注してください」の事故伝はすかさず再発注をかける。
②ひと月に一度は定番リストで在庫チェックをかける。

対策としてはこの二点につきます。すなわち自動発注の効用とは、在庫がある場合にのみ速く簡単に納品されるが、取次と出版社に在庫がない場合はなんの手助けにもなり得ないということです。それどころか、「自動的に納品される」という心理が「なにもしなくていい」「重複発注を避けるべき」というまちがったマニュアルになってしまう恐れがあります。この点で売場の担当者の意識調査をしてみるべきではないでしょうか。

▼**取次不在庫**……書籍の在庫は出版社が倉庫などに持っている場合と、取次店が倉庫などに持っている場合があるが、該当書籍が取次店の管理在庫にないこと。流通可能な書籍品目の大半が取次不在庫だが、書籍の流通量の多くが取次在庫にある品目のため、「取次不在庫＝品切れ」と誤解されることがある。【須田】

▼**重版・返品待ち**……出版社に在庫が一時的になくなった状態で、書店などからの注文があったときに、増し刷り＝重版を待つ場合と、他の書店からの返品を待って出荷する場合がある。【吉岡】

取次・柳原書店の倒産

▼2000年2月

年の瀬も押し迫り、その日は年賀状でも書くつもりで出社した12月27日の朝、取次柳原書店の倒産の報が舞い込んだ。業績が振るわずシェアを落としているとはいえ、同社との取引のある小社としても無傷ではあり得ない。報に接した出版社数社が電話をくれたがいずれもこちらの情報量と大差はなく、終日空しい情報収集に追われてしまった。

翌28日は取次挨拶回り。どこもこの話題でもちきりで、誰しもが少なからず戸惑っており、なるほどこの業界は取次の倒産という経験がないのであった。債権はもちろん回収したいが、自慢じゃないけど自らの経験を踏まえれば、払うべきものが払えるならば潰れたりなんぞするものではない。債権回収よりも市場混乱と商品のあるべからざる方面への流出が怖い。書店常備の切り替えや定期刊行物の移し変えなどスムースに進行させたいことをお願いしながら走り回るというとんだ挨拶回りとなってしまった。社に戻れば相変わらず矢継ぎ早の電話である。なかには「いくつかの全集定期を他の取次に移してくれ」なんていう書店の電話もある。もちろん、定期扱いは取次・書店間でなされることなので、版元は知りようがないのだ。今度は馴染みの書店から、出版社が直接常備品を回収しに走っているとのこと。もちろんお引き取りいただいたそうだがやはり混乱が始まっている。ほとんどの出版社がこの日が仕事納めだ。柳原書店の社長は東京に来ておられるらしいが、空しく時間が過ぎてゆく。

29日早朝社長の訪問を受ける。疲労の色が体全体を覆っているが、最小の被害と混乱回避への強い覚悟を感じ取れ、ほっとした。じたばたしても始まらぬ、この日が仕事納めである。それにしても業界にとって最悪の一年だった。わが社にとっては『現代日本文学大系』セットセールと『倚りかからず』(茨木のり子著)14万部到達が僥倖となった。美味いのだか不味いのだかよくわからぬ酒を飲んでいると「ほるぷ破産」の報。こちらはわが社の実害は皆無だが、どうやら早く一年を締め切ってしまったほうがよさそうだ。

年が明けて14日、大阪で柳原書店債権者集会がおこなわれ、圧倒的多数の支持で「破産」ではなく「任意整理」の道が選ばれました。これにより商品の散逸はなくなり、整理も迅速に進むことになります。今年はもう少し良い年にしましょうね。

▼**柳原書店**……関西を中心に営業していた年商50億円の中堅取次。1999年12月24日営業停止。その後、自主廃業。戦後初の取次（販売）会社の破綻ということで業界内に大きな衝撃が走った。【高島】

▼**商品の流出**……取次や書店が倒産した場合、在庫されている出版物が叩き売られて安売りされてしまう恐れがあることを指している。一般の商品であればバッタ売りは当然なのだが、多くの書籍・雑誌が再販売価格維持契約に基づいて刊行されている出版業界では、安売り品が出ることは出版社の信用を落とすものだと考える傾向が強い。【星野】

▼**任意整理**……会社更生、民事再生、破産といった法的な倒産ではなく、債権者と債務者が話し合いで会社を清算する私的整理。経営難に陥った小規模会社が事業を畳む場合などに利用されることが多く、いわゆる倒産の中で最も多い手法。【星野】

またまた倒産

▼2000年3月

柳原書店の任意整理に続いて駸々堂が自己破産に追い込まれた。出版と合わせて135億円という負債額にはのけぞったが、正直なところ「やっぱりねえ」という思いがしてしまうのだ。私ごときがなんとなくそうなると思っていたくらいなのだからほとんどの業界人が「やっぱりねえ」なんであって、「でも、これでおしまいじゃないよね」なんてのがセットになっている。それほど多くの人が予見しえたわりには、これまでこれといった手を打てずにいたのだから、わが業界の病気はただならぬところまできているのかもしれない。

駸々堂京宝店は、ちくま文庫がヨチヨチ歩きのころ特別に支援してくれた店であった。「よそで売らんのやったらそのぶんうちがしっかり売らしてもらいます」といってフェアを定番にしてくれた。関西を代表する老舗の代表店舗がそういってくれるのだから励みになった。働く社員も自信に満ちていた。あのころ私を励ましてくれた社員が今失業の憂き目にあって自宅にこもっている。「自己破産」の会社は二度と立ち上がれない。優秀な現場の方々の再起を、それも懲りずにこの業界への復帰をこころから祈っている。

ひさしぶりに1月の実績が良かった。書店も取次も良かったそうだ。小社ではまず『現代日本文学大系』セットセールが400セットを突破して目標の500セットが見えてきたことが大きい。単行本新刊も好調である。『ルール』（藤原和博・宮台真司著）『倚りかからず』に加え、『東大で上野千鶴子にケンカを学ぶ』（遙洋子著）『まなこつむれば……』（吉田直哉著）『ウエディング・マニア』（香山リカ著）がブレイク。ちくま新書も次々と重版を出している。『パラサイト・シングルの時代』（山田昌弘著）は書評が相次ぎ、マスコミにも取り上げられているし、『知識経営のすすめ』（野中郁次郎・紺野登著）はビジネス街で売れている。しかしなんといってもロングセラーの『英単語速習術』（晴山陽一著）

がどんどん良くなってゆくのには驚く。特に丸善京都河原町店では1週間50冊ペースをずっと維持してくれている。売る工夫が読者まで届くことがわが業界一番の醍醐味なのだ。厳しい現実から目をそらすことはできないが、それを忘れてはならない。

▼**駸々堂**……京都を代表した老舗書店。大阪・京都・神戸・奈良に23店舗、大阪・神戸・京都に外商部。2000年1月31日破産。119年の歴史に幕を閉じる。学習参考書で有名だった関連会社の駸々堂出版も倒産。京宝店は後にブックファースト河原町店となった(現在はビルの建て替えに伴い閉店)。【高島】

決算を前にして

▼2000年4月

決算を目前にしてなぜか(?)絶好調なんである。きびしい出版不況のなかでこんなことを言うとヒンシュクを買いかねないが、本当なのだからしかたがない。順調とか堅調というのではなく、もうつるべ打ちなんである。打者一巡状態なのだ。『東大で上野千鶴子にケンカを学ぶ』が5万部になろうとしているが、冗談ではなくナント本文紙が品切れになってしまった。地味な生活書であるはずの『暮しの老いじたく』(南和子著)も1万4千部、これまた地味なエッセー『まなこつむれば……』までが8千部だ。

昨年は『老人力』(赤瀬川原平著)が40万部のベストセラーとなるものの、業界では「空前のマグレ」といわれ、「そうかもしれない」と納得してしまう自分が悲しかった。しかし快著『もてない男』(小谷野敦著)が不思議なブレイクで10万部、『英単語速習術』はジリジリと売り伸ばして7万5千部、『知識経営のすすめ』2万4千部、『パラサイト・シングルの時代』が4万部を突破など、熾烈な新書戦争の中でちくま新書が思いがけなくも(ゴメン!)大健闘してしまったのだ。そして詩集は売れないはずなのに『倚りかからず』が14万5千部。このあたりで私は25年間筑摩書房に貼りついていた貧乏神がどこかに外出なされたことを確信した。

思えば筑摩書房が倒産したのは1978年、日本経済も出版界も右肩上がりで、まさにバブルが泡立ち始めた頃なのである。そして皆がギンギンに走っていた頃、小社は延々と債務を支払い続けていたのだった。浮かれるつもりはない。これほど新刊が売れているのに「余裕の決算」には程遠い。要するに筑摩書房という会社は時代の流れの中でビミョーに捻じれて在るようなのだ。こんな世の中だからこそ、ヘソマガリ筑摩が目一杯書店さんのお役に立ってみせよう。専門書でも岩井克人『二十一世紀の資本主義論』が配本と同時に売れまくっている。澤口俊之『わがままな脳』も話題の本となるに違いない。ガンガン重版をかけて、広告を打とう!

……今月の営業部通信は他の出版社にお見せにならぬようお願い申し上げます。

▼重版(初版/○刷)……本の最初に制作されたロットを初版、同じ原版を使って制作されたロットを重版、

版を修正、または作りなおして制作されたロットを改版という。慣例として、重版した回数は「○刷」と奥付に記載される。現在は原版をデジタルデータから制作の都度、作りなおすことが多く、改版と重版の区分は薄れつつある。【須田】

ホームページがオープンです

▼2000年5月

ホームページを開設するというと「エッ、今までなかったの?」とまず驚かれる。筑摩書房はこれまで情報ネットワークに関しては先駆的に取り組んできた。そのことを知る業界人にとっては意外な印象をあたえるのだろう。またそれほど出版社HPはあってあたりまえのことなのだ。入社試験面接でも受験者から「筑摩さんだけHPがありませんでしたけど、ナゼ?」なんて逆面接されてしまった。遅くなったのは深い理由があるわけではないが、ちょっとだけ言い訳をしておこう。

(1) みっともないHPはつくりたくなかった。

いいものを作ろうと思ったらそれなりのセンスと「本気」が必要なのだ。まるまる外注していいものができるはずがない。営業の一部の人間がマニアックに作るのではなく、社内プロジェクトを立ち上げて全社的に取り組みたかったからである。

(2) HPは出版社の自己満足じゃいけない。

「売る」ためのHPではなく、読者が楽しめるHPにしたかった。だから連載読み物を硬軟取り揃えて筑摩らしさを打ち出したかった。

(3) 書店さん向けのサイトも作りたかった。

各種注文書を書店さんにパックで送るのは実はものすごくお金のかかることだ。大量に送られてくる書店さんも大変だ。最新の注文書や販売情報が自分の都合のよい時間に取り出せるのだったら便利だろう。もっとも現状では書店さんがバックヤードでウェブ・サーフィンできるとは思えないが、熱心な方なら自宅でやれるかもしれない。

というわけで、まだ工事中もあるし改善すべきところもあるが、なんとかオープンにこぎつけた。担当の吉澤と製作のジャムベースカンパニーさんはヘトヘトになっております。みなさんのご意見・ご感想がなによりの励みになるはず、ぜひアクセスしてみてください。

東京国際ブックフェア2000

▼2000年6月

東京国際ブックフェアにひさしぶりに出展した。あるていど覚悟していたけれど、クッタクタに疲れた。なにしろ在庫全点を販売しようってことだから、持ち込む量がハンパじゃない。4トントラックに満載で、台車でブースまで運ぶだけでも何十回往復したことか。二日目の夕方には補充品まで入れることになっている（最初から売れることを確信している）。「書店は偉いよ。コレ毎日やってんだもんなあ」などと感心したりして、社員教育としてもなかなか有効なイベントだったかもしれない。

さて、安売り合戦なんて悪口を言う人もいたけど、どうせ売るならギリギリまで頑張ってみないと、なにが効果あってなにがだめなのかもわからない。だから目一杯飾り付けもして（デザインも自前だぞ）、たくさん売るつもりだったからPOSレジまで作っちゃった。「さあ、買っていただきましょうか」てなふうに気合充分。われながら筑摩書房のブースが一番目立っていたのでいい気分だった。目立っていたのはブースの飾り付けだけではなく、社員の動員数でもたぶん一番だったはずだ。営業はもちろん編集部、総務部、サービスセンター、製作部とほとんどのセクションから社員が参加した。こういうところが筑摩書房という出版社のわかりやすくっていいところなのだ、と、ある書店さんがおっしゃっていた。うれしいことだ。疲れたことは疲れたけれど、本を売る仕事は面白くて、本当に皆で楽しんでしまった。幕張よりは近くなったとはいえ、こんな遠い会場にかなりご高齢の読者がたくさんリュックを背負ってこられたのには驚いたし、有り難かった。たっぷりお話をされて、「本はいつもの書店で買います」と言って帰られた方もいた。これも嬉しかった。

売上げは四日間で450万円にもなった。この額が高いのかどうかよくわからないけど（どちらにせよ儲けは出ないのだ）、ＰＯＳレジを2台用意してなかったら大変なパニックになっていただろう。大袈裟だと笑う人もいたけれど、ＰＯＳ導入が一番の大正解だったかもしれない。

筑摩書房書店向けサイト

▼2000年7月

オンライン書店やら電子ブックやらと、つぎつぎに出版社と書店を不安にさせてくれるネットワーク社会だが、取引の情報ネットワークとしてインターネットをもっと積極的に活用する方法があるのではないだろうか。たとえばこの「新刊どすこい」も印刷してパック詰めして、かなりのお金をかけて送品するのだが、メールやホームページでお知らせできれば格段に速くて安上がりだ。それから文庫やコミックの注文書はどうだろう。大手の出版社は年間に何千万円という費用をそれぞれかけているそうだ。書店も余分な拡販物が多いと嘆くが、そのわりには古い注文書で注文を送ってきたりするのは、要するにちゃんと必要な拡販物が届いていないか、管理できていないからにちがいない。

欲しいときにないのが注文書なんだ。それなら「注文書センター」のホームページを作って、そこではいつでも書店がすべての出版社の最新注文書を引き出せるようにしておけばいいのかもしれない。注文が入力できるようになっているともっといいかもしれない。モバイルにダウンロードして、売場でチェックするなんてのはもっと便利だし、そう遠い未来のことではないかもしれない。とにかく私たち出版業界はそもそも商品でこれだけ紙を大量消費しているのだから、せめてビジネスツールはペーパーレスでいかなくちゃ、なんて声もある。筑摩書房のホームページには書店さんに向けたサイトがあります。もちろんそこでは最新の各種注文書をはじめ、どすこい通信、販売情報などが取り出せます。筑摩書房のホームページを開き、「どすこい」へ入りＩＤを登録してください。書店人なら誰でも登録できます。

ところで、自動発注が普及し、文庫やコミックの棚チェックがオロソカにされていることをかつて指摘したことがあるが、このままではますます新古書店にやられてしまう。欠本、万引きなどで新刊書店の棚が危機にさらされています。新古書店のほうが品揃えがいいなんて言われないようにしっかりチェックしましょう。

配本パターン制作中

▼2000年8月

販売データを管理する書店マスタをこれまで自社で積み上げてきた「ちくまマスタ」

から「共有書店マスタ」に移行した。書店件数にして8千店から2万6千店に拡大された。8千店というのはこれまで15年の間に当社に一度でもスリップを送ってくれた書店すべての数だ。そうすると1万8千店の書店が一冊も筑摩書房の本を売ってないことになってしまう。もちろんあまりにもスリップの量が少ないので送ってこない店もあるのだろうが、実態としてはそれに近いのではないかと思っている。もともと8千店ですら毎年安定して売上データが入っている店は3千店ほどしかなかった。わが社の販路の狭さを嘆くべきか、狭いながらも強いネットワークと誇るべきかは意見の分かれるところかもしれないが、POSデータ共同回収ができるようになってデータの信頼性が増し、くっきりと書店のシェアが見えてきた。

単行本2種類(一般書・専門書)・ちくま文庫・ちくま学芸文庫・ちくま新書・プリマーブックス、全部6種類の配本パターンを一度に作っている。新規・廃業・帳合切替などの理由でマスタがメチャクチャになってしまい、もう3年もパターンとランクの修正ができないでいた。お恥ずかしい限りだが、マスタが未整備なまま改正はできない。新パターンは10月からの予定だ。マスタもデータもバッチリだから精度は格段に上がるはず。この間だいぶ配本に狂いが生じているようだ。自店のスリップ送付に問題があったり、配本に強い要望があれば小社の地域担当者にご連絡ください。

さて、この度人事異動がありました。書店さんにも関連しますのでお知らせします。かつて営業にも在籍していた経理部次長の松村繁樹がサービスセンターの部長代理となります。また営業部販売促進課長の戸田浩が経理課長に、その後任に東海地区や大阪でお世話になった吉澤麻衣子があたります。お馴染みの方も多いことかと思います。それぞれ張り切っておりますのでよろしくご支援ください。

▼帳合切替え……書店が取引取次を変更すること。出版社から見ると送品先の住所が変わったようなもので、切れ目なくスムースな納品をするために適切なタイミングでの事務処理が必要になる。また、常備などの寄託商品の請求先の変更もあわせておこなわれる。【須田】

物流はスムースに作動して当たり前

▼2000年9月

8月5日の土曜日の夜、東京都心は突然のスコールに見舞われたようだ。ヤクルト―巨人戦も8回降雨コールドで終わったというニュースを見て驚いた。東京でも足立区に住む私は雨が降ったことにも気づかなかった。翌日の日曜日は各地の突然の水害、事故のニュースが流れ、まるでまだら模様のような局地的豪雨だったんだなあとぼんやりと思っていた。しかしぼんやりとゴロゴロしておられる場合ではなかったのだ。災難が身近に起こりつつ、いやこの時すでに起こってしまっていたのだ。

7日の月曜日、出社してみると大宮サービスセンターが浸水して停電、電話も不通だという。商品は傷んでないのか、出荷はできるのか、電話やファックスの受注はいつ再開できるのか、イライラがつのる。次第に情報が入るようになったが、膝までの浸水なので本も相当やられたらしいなどとますます心配になる。

正午になってようやく被害の全貌が見えてきた。電話の配電盤が漏電でトラブルとなったが昼過ぎには修理終了の見込み、本はセット組みのため地下置きのものだけが汚損、倉庫全体が泥だらけになってしまったので業者さんに掃除をお願いしたなどと、被害は極めて軽微であった。私の知る限り小社の倉庫が浸水したのは初めてのことだ。私が入社したころ倉庫は無残なほどボロボロで、台風が来る度にウェスを持って庫内の水漏れ部分の補修に走り回っていたものだが、今は建て直してあるのですっかり安心していた。

大宮サービスセンターのある櫛引町はその当時と比べると周囲の企業のほとんどが移転し、いまや大住宅地となり、隣の小社の数倍の敷地に埼玉一のサティが建設中である。急激な都市化が今回の浸水騒ぎと関連があるのかもしれない。いずれにせよ、物流とはスムースに作動して当たり前、トラブルが発生して初めてその備えの重要性が浮かび上がるものなのだなあと再認識した次第だ。

▼倉庫(出版社倉庫)/大宮サービスセンター……出版社の倉庫は、在庫を保管する機能、注文などに応じて取次店などに出荷する機能がある。また、出版社自身が倉庫を持つ場合(子会社を設立して倉庫を運営することもある)、出版社を主な顧客とする倉庫会社に委託する場合がある。筑摩書房は「大宮サービスセンター」という自社管理の倉庫を持ち、保管と受注・出荷・改装業務をしている。【塚田】

筑摩書房の文庫の見直し

▼2000年10月

どうやら7・8月の出版業界は二桁の前年割れという悲惨な結果だったようだ。そもそも筑摩書房は夏に弱い。新潮文庫夏の100冊（今年は150冊だったらしい）のように夏の商戦はそれなりにあるものらしいが、学校も休みだし、リゾート一色のこの時期、硬派書籍の旗色は良くない。この夏枯れシーズンを睨んで、新企画は早めに出してしまうか秋まで見送るかの傾向が強くなり、その結果ますます夏が苦手になってしまった。

ところがそんな筑摩書房に今年は異変が起きた。7月に刊行開始した「ムーミン・コミックス」が売れているのだ。一回配本『黄金のしっぽ』は初刷8千部が4刷2万6千部まできた。二回配本も引き続き好調ですぐに重版が出た。書店さんでは外国文学や児童書担当のみなさんが積極的に扱ってくれて成功している。まだ結果の出ていないお店があったら、売場を工夫してみてください。読者層は20・30代の女性が圧倒的です。

新書と文庫の新規参入出版社が続出している。どちらも絶好調といえるジャンルではないが、堅実なパッケージを探したらやはり新書と文庫だったということなのだろう。またそれだけ読者に認知されてもいるということなのだ。書店さんもそう簡単に文庫棚を増やすわけにもいかないし大変だ。小社も文庫の見直しをやろうと思っている。といっても新しいシリーズを始めるわけではない。ちくま文庫と学芸文庫、またちくま文庫のなかの「太陽」(日本の作品)と「月」(海外の作品・古典・全集)のジャンル区分をもっと読者にも判り易くしてゆこうということだ。永い間模索しながら開発してきた文庫だから「アレが学芸文庫で、どうしてコレがちくま文庫なの?」というのもあるし、「こちらに入れておけば絶版にならずにすんだのになあ」なんてのもあるのだ。時間をかけて書店さんにも協力いただいて無理なく進めたいと思っている。まだ詳しいことは言えない、というより決まってないのでいずれまたこの欄でお話しします。

▼**文庫棚/新書棚**……文庫や新書は、規格が統一されている事などから書店のなかに専用の棚で陳列・販売されている事が多い。文庫と新書への新規参入の増加は、すでにある棚にさらに多くのものが押し寄せるので、並べる/並べないという選択に手間がかかるようになってきている。出版社からいえばその棚(売場)スペースを奪い合うということにもなる。【桑原】

本の価格表示

▼**2000年11月**

商売のインフラに商売のイロハも知らぬ政治家が売名行為で割り込んでくるとどんな結果となるか2千円札が教えてくれた。大きさや色が他の紙幣と紛らわしく、馴染みの飲食店でもお釣りを差し出す際に「これは2千円札ですがいいですか」などと言いながら手渡している。渡すほうも受け取るほうも迷惑な紙幣っていったいなんだ？　こんな紙幣のためにレジの紙幣ボックスを増やすわけにはいかない。スーパーやコンビニでも2千円札はわざわざ奥にしまいこんでいる。聞けば大量に印刷した2千円札のほとんどが未使用のまま蔵に収まったままだそうではないか。さすが大蔵省、なんちゃって。ハイテク硬貨とご自慢の5百円硬貨はいつになったら自動販売機で使えるようになるのだね。模造不可能というが使用不可能の駄洒落じゃすまされないぞ。2千円札なんてつまらぬものを作る金があるのなら、鉄道の自動販売機で5百円が使えるように助成金でも出せばよい。それでこそ経済効果というものだ。

今回はお札や硬貨の話をする予定ではなかった。考えているうちに腹が立って冒頭から脱線してしまった。本題は8月31日付の日経新聞記事だった。記事の内容は価格表示に関する政府発表で、すべての価格表示は消費者の支払う金額すべてが表示されてなくてはならないという主旨だ。内税方式以外は認めない、守らないものは罰するということだ。要するに、まだ何度も消費税を大幅にアップしたいのだが、税額が剥き出しになる外税方式は具合がよくないということに違いない。その通りになれば失政のツケをわが業界は一手に引き受けることになる。なんとしても現政権には選挙で痛い目にあわせてやりたくなってきた。

これを書いているうちに京都市三月書房さんからEメールが届いた。「新刊どすこい」10月号が今日（10月4日）届いたけど、これじゃあ新刊案内にならないよとのこと。ごもっともです。小社の定価・部数決定がスケジュール上タイトであるのと、印刷と袋詰などの工程が入るからこうなってしまいます。早めの新刊情報をご希望の書店さんにはEメールでお送りします。前月中頃にお知らせできます。お申し込みはこちらへ。

▼**消費税（価格表示／内税／外税）**……1989年の消費税導入に際して再販価格の表示を税込み表示としたために、価格表示の変更などに出版社平均3623万円もの費用を要した。その反省に立ち、出版業界は1997年の税率変更に際しては本体価格表示を基本にすることを決定し、次の税率変更に対応できるようにした。ところが2004年の消費税法改正により総額表示が義務付けられ、対応に苦慮したが、業界と財務当局との折衝を踏まえ、最低限スリップへの総額表示で対応できることとした。【大江】

新刊配本直後のオンライン受発注

▼2000年12月

共有書店マスタが旧来の筑摩書店マスタに代わって完全にシステムに組み込まれた。書店の出店、転廃業、帳合変更などによる混乱がようやく整理整頓されることとなった。この激変の最中だけに、マスタメンテナンスをしておられる一ツ橋企画さんはさぞ大変なことだろうと思うが、ありがたさが身に沁みる次第だ。早ければ文庫・新書の1月配本から新しい配本ランク・パターンでお送りすることとなる。これまでずっと言い続けてきて実行できなかったが、これからは毎年更新できるはずだ。

新刊配本とはべつにご報告しなければならないことがある。小社は出版VAN開設にも大きく関わり、オンライン受発注のシステム開発も積極的に手掛けてきた。しかし、現状のオンラインでの受注状況を見ると、少なくとも新刊配本直後のオンライン受注は理解しがたい状態のままなのだ。具体的には、市場調査でさっぱり売れてない新刊でもそうとうにまとまった注文が入ってくるのだ。売れていようがなかろうが同じような注文がきてしまう。近頃その傾向がより顕著になってきたようでもある。売れた時の反応は電話やファックスのほうが多い。多くの出版社が新刊配本直後は品切れ状態にすることが多いので、売れた時の反応としてはそういう傾向になるのももっともなのかもしれないが、それではこのオンラインの注文はいったいなんなのだろう。特に文庫はどんな新刊でもすぐに品切れになってしまう。これでは返品が減るわけがない。紙の注文ではないから中身を検証してみることもできない。商品があるのに在庫ステータスを品切れとするのは、どうも自己都合に過ぎるのではと小社では配本直後も「在庫有り」としてきた。しかし当面改善の余地はなさそうなので、他の出版社さんにならって文庫と新書の新刊をオンラインでは1ヶ月間品切れとすることにした。オンライン以外の発注にはファックス、電話、コロンブスいずれもこれまで通り出庫する。

これは不本意な決定だ。しかし一社だけで問題解決することでもない。遠くない将来、在庫ステータスとオンライン運用の正常化が実現することを切に願う次第だ。

▼**在庫ステータス**……在庫の有無・出荷の可・不可といった商品の状態（ステータス＝status）を標準化し業界共有のコードとして体系化したもの。主なステータスは「11＝在庫あり」「21＝在庫僅少」「23＝未刊」「33＝品切・重版未定」「34＝絶版」など。【高島】

▼**コロンブス**……（ColmBuS）。1997年に新潮社、文藝春秋、筑摩書房3社でつくられた。文庫補充とそのためのハンディターミナルシステム。【沢辺】

『金持ち父さん 貧乏父さん』ブレイク

▼**2001年1月**

『金持ち父さん　貧乏父さん』（ロバート・キヨサキ著）が配本直後いきなりブレイクした。現在20万部の発注を終え、この通信がお手元に届く頃は25万部あるいは30万部に達しているはずだ。小社ではこの二、三年、厳しい環境のなかで不思議に（？）ベストセラーが出続けた。ありがたいことだが今回はこれまでとは一味違った感動がある。本書は当初よりベストセラーを目指した企画だったからだ。「ひょっとしたら」ではなく「ベストセラーになるはず」という確信のようなものがあった。だから資材の調達や重版スケジュールのシミュレーションなど事前の準備は怠りなかった。ブレイク後、書店さんに概ねスムースに供給できたのもそのためだ。

とはいえ、それだけに刊行にいたるまでは様々な紆余曲折があった。本書の原題は“Rich Dad, Poor Dad”だが、まず書名で揉めた。「なんのことだかわからない」「もっと内容に踏み込んだ書名のほうが」など考えれば考えるほどわからなくなってくる。結局「原著も書名で採めたことがあったが著者のこだわりで決まった。原題でストレートに行こう」という編集者磯部知子の判断が正しかった。案の定書店さんの評価も割れたが、売れてみれば「覚えやすい」「ベストセラーっぽい」タイトルだと皆が納得してしまっているのだ。本書はまだほとんどパブリシティに取り上げられていない。私の予想では年末から年始にかけて続出するはず。本書のテーマが今日本でもっとも求められているテーマのひとつだからだ。

『金持ち父さん　貧乏父さん』は自分の工夫と責任で富を築くための入門書だが、それに続く応用編が3冊刊行される予定だ。アメリカではそのすべてがベストセラー入りを果たしている。小社での第2弾は6月刊行を目指しているが、続巻が成功するかどうかも第1弾がどこまで行くかがすべてだと思っている。書店のみなさんのご協力を切に願うところである。来年の年始休日は長い。小社の仕事始めは9日である。年末に書店さんにはもちろん、取次さんの流通センター、各地店売にもタップリと在庫できるように計画しているし、広告のほうも準備万端整っている。良い年にしましょう。

▼資材（の調達）……自前で専用用紙を確保している大出版社などを除き、思わずベストセラーを出した出版社は印刷用紙やクロスの確保に苦労することがある。とくに特漉き紙を使ったりしていると、ひと月に1回しか紙ができず、重版するにも他の紙を探すなどということになりかねない。また箔押しなどを取り入れた場合カバーやクロスの増産に時間を要して重版に時間がかかり販売機会を逃すことも多い。筑摩書

房も苦い経験をしたこともあり、今回は初めから資材を確保し大増刷に備えたということである。【大江】

▼パブリシティ……新聞や雑誌、テレビなどのメディアなどで広告としてではなく、記事や話題として取り上げられることで、より多くの人から注目を集めることができるため、その効果は非常に大きい。【池田】

人文書を売ること

▼2001年2月

秋口では最悪の決算になるかもしれぬと覚悟していたのに、『金持ち父さん　貧乏父さん』というたった一点のベストセラーが出ただけで一転してしまった。弊社営業部員が仕事納めで書店さんに伺った時「筑摩さんにとって30年に一度あるかないかのチャンスだから頑張って売ります」と明るく言われてしまったという。40万部の『老人力』が創業以来の快挙だったのだから創業60年の会社では確かにそれで勘定にあっているのである。もちろんその書店さんはそんな駄洒落のような算数をするわけがない。地味な本をしぶとく出し続ける出版社であることと、またそれを売ることの、難しいが面白いことなどがお互いの暗黙の了解事項になっているからこそ出る言葉だ。筑摩書房にとってこれまでじっくり取り組んできた人文書を中心とした書籍が主力であることに変わりはない。そればかりかそれこそが弊社の基礎体力なのだ。しかしここ数年間の人文書の落ち込みは重症である。書店さんの実感もそうだろう。売れなくなってしまった要因はいくつもある。
（1）一番考えたくない要因は、そもそも人文書の読者（学生）がいなくなってしまったのではということ。
（2）書店さんのローコストオペレーション政策がじっくり専門家を育てることを阻んでいるという見方もある。これも事実だが、売れないジャンルに人材を豊富に投入できるはずもないし、投入しても売れないのでは技術を磨くすべもないのである。
（3）出版社の企画の貧困。人文書の売行き良好書、話題の本の少ないこと！
（4）パッケージングとしての本作りに問題がありはしないか。いい本なら少々高額でも買ってくれる、というのは10年以上前の話である。
（4）については出版社として工夫の余地があるかもしれない。1月刊行の学芸文庫『言葉にのって』は単行本の文庫化ではない。文庫オリジナルは決して珍しいことではない。しかし哲学・思想ジャンルで、しかも著者がバリバリのメジャーとなると話は別だ。いきなりのペーパーバックは著者ジャック・デリダ自身の希望でもある。もちろん学芸文庫編集長の挑戦でもある。売行きは好調だ。人文書売場のみなさんも注目してください。

▼人文書……筑摩書房も含め人文書を多く発行している出版社の集まりである人文会では、人文書を哲学・思想、宗教、心理、歴史、社会、教育、批評・評論にジャンル分けしているが、上記のジャンルに収まり

きらないものも多く、はっきりと定義づけできるものではない。レベルも高度な学術書から一般書まで内容は多岐にわたっており、最近は新書という枠に入っているものも多く、これらを含めて「教養書」と同義につかわれることも多い。書店人の中には売上構成比とは別に、人文書を売りたいという意識が根強く存在するように思われる。【大江】

▼**文庫オリジナル**……文庫は通常、古典と呼ばれる名作や評価が定まっている既刊の単行本を、手頃な価格・造本で読者に提供する小型判の書籍シリーズである。同一の造本・装丁であることが多く、書店店頭では文芸書から人文書、実用書まで幅広いジャンルの文庫が出版社別に陳列・販売されている。それに対して文庫オリジナルとは、初めから文庫用に書き下ろされた、あるいは翻訳された書籍を指す。【矢野】

▼**ペーパーバック**……紙表紙製で仮製本の書籍。低定価で多くの部数を刷るのが特徴。海外では、単行本として刊行後すぐにペーパーバックで出版することも多い。日本でいえば文庫がこれにあたる。【矢野】

新刊の自動発注をしてはいけない

▼2001年3月

書店さんには事後報告になるが、昨年11月から文庫と新書の新刊は刊行後1ヶ月間VAN在庫ステータスを在庫僅少とすることにした。大手出版社はすでにおこなっていることだが、自動発注対策である。自動発注が急速に普及するのに比例して小社の文庫返品が増大した。POSの日時データでは悲惨なくらいに売れてない新刊でもなぜか注文が止まらない。しかしどんなに売れない新刊でも平積みのうち何冊かは売れるだろう。書店さんが自動発注するかしないかのフラッグをメンテナンスしてないのではないか。

1冊売れるたびに発注され、最後には配本冊数まるまる返品となってしまう。いうまでもなく新刊は自動発注にしてはいけない。自動発注は棚の定番に絞るべきなのだ。失礼かもしれないがわたしは書店さんを疑っている。

まだ始めてから間もないので厳密にはわからないが2月になって文庫返品が減少し始めた。しかし新刊の補充が入らないという書店さんの苦情は1件しかない。予想はしていたもののこれは驚きだ。ほとんどの書店さんはデジタル発注による新刊補充が入らないという事実を認識していないということになる。言いかえればそのほとんどが意思のない発注だったということなのだ。品切れになってもいない新刊を品切れにするなんて商売の仕方はどうしても好きになれないが、防衛上この措置を継続することになるだろう。

もちろん本当の品切れではないのだから、電話・ファックス・手書き短冊の注文には対応するし、書店さんにはぜひ今までどおり「どすこい通信」を積極的に活用していただきたい。業界では「責任販売制」が論議されているが、わたしはその前に自動発注の正しい活用法を検証し、無駄な注文を出さないための現場指導をすることのほうが大切だと思っている。取次さんや書店オーナーのみなさんにぜひお願いしたいところである。繰り返すがこういうやりかたはどうしても好きになれない。

▼**棚の定番**……その店に常時陳列する書籍。売れ筋商品、ロングセラー商品をいう場合もあるが、その棚（ジ

ャンル）の構成をよくするために、売れ具合にかかわらず並べるものもある。【桑原】

▼責任販売制……注文＝仕入れ時に、書店が販売に責任を持つシステム。売り残した場合「返品をしない」「返品できる数を制限する」「返品するときは仕入れ額より少ない額にする」などという方法が考えられている。【沢辺】

新刊配本パターンを更新

▼2001年4月

全ジャンルの配本パターンをようやく更新できた。前回の更新が1998年だったので自慢じゃないが、丸3年も手付かずだったのだ。更新して何軒かの書店さんから「?」とか「!」とかのお電話をいただいた。「?」であれ「!」であれ反応があったことは結構なことだ。3年間も手をつけられなかったということはこの間にオープンした書店の配本はどうなったのか、閉めちゃったお店の処理はどうしたのかといった疑問が当然湧くはずである。アッサリ白状しちゃうが、ようするに取次さんまかせだったのである。新刊配本は取次に指定部数にアローアンスの部数があらかじめ取り決めてあって、その部分で新規書店の配本が行くのである。しかし3年も放置したままなのでアローアンスもすでにマイナスになっていたはず。それではその不足はどうしていたのかというとパターンの指定を取り崩していたんだな、たぶん。われながら出鱈目だなあと思うのだがしかたがない。どこが開店でどこが廃業なのか見当もつかない数年間だったのだから。

今回の改正も半年かかってしまった。書店マスタを「筑摩マスタ」から「共有書店マスタ」に切り替える大事業があったからだ。これからは一斉切替ではなく随時メンテナンスする方法に変わるので安心だ。新パターンに「ナットクがいかない」「異議アリ」の書店さんは申し出てほしい。データをもとに取次とも議論を尽くしたのでそれほどひどいミスジャッジはないと思うが、スリップの送付をしてないお店や開店直後のお店はひょっとすると落ちているかもしれない。

なんだかどんどんみっともない話になってしまうが、遅れたのは配本パターンだけではない。販売報奨金のお支払いも遅れているのだ。こちらも2年分一括でのお支払いだ。理由は配本パターンと同じようなことだが、どうであれキッチリお詫びしなくてはならない。すみませんでした。これを読んで、フーン、『金持ち父さん』が売れたんでようやく払えるんだ……なんて思ってる人がいるんだよね、絶対。「そーじゃないんだよー」って言っても信じてくれないんだろうな。

▼**販売報奨金**……どこの書店でどの本が実際にどれだけ売れているのかを調べる方法として、売上スリップを書店から出版社に送ってもらう。書店にとってはかなりの手間であるため、送ってくれた代りに、1枚いくらという形で報奨金を払う出版社がある。また、大型出版企画の場合は、それとは別にさらに高額の報奨金をつけて本の売り上げを伸ばすためにも使われる。優先的に新刊を配本することで報奨金の代りと

する出版社もある。【池田】

オンライン書店ベスト10入りで勉強

▼2001年5月

オンライン書店のアマゾンとイー・ショッピング・ブックスで『自分「プレゼン」術』（藤原和博著）がベスト10に2ヶ月以上居座り続けている。この現象は単に自社の商品が売れて嬉しいというだけでなく、とても新鮮な体験をさせてもらったという気がする。というのも、この本は2000年9月刊行のちくま新書なのだが、そこそこの売行きではあったものの、リアル書店ではベスト10入りした店は皆無だったのだ。ある朝『金持ち父さん　貧乏父さん』の売行きチェックのためアマゾンを開けると、聞いたことのあるような書名が5位にランキングされているではないか。

ご存知のように著者の藤原さんは世界で一番自著の書店促進をされる方なので「ハハーン、先生が仕掛けたな」と思ったが、ご本人に確認してみてもまったく身に覚えがないという。それどころかアマゾンのご担当に聞いても「そーなんですよ、でもこれといういう仕掛けはやってません」というではないか。それなら、藤原さんのファンが声をかけあってアマゾンで購入したんだろうか。アマゾンのランキングはリアルタイムに更新されるので、強引にベスト10を維持し続けるのは不可能である。というわけで、「売れて嬉しい」というよりも「どーしてこんなに売れてンだー!?」という混乱状態に突入してしまったのだ。しかし、その後地道な調査により少しずつナゾは解明され始めた。どうやら『自分「プレゼン」術』の読者＝サイトで企業案内を検索する若者＝サイトショッピングの習慣がある若者＝就職に向けて「プレゼン」を学ぼうとしている若者、という必殺購入パターンが決まっているようなのだ。もちろん誰もその必殺技をかけた憶えはないのだが、ためしにアマゾンで「プレゼン」を検索してみるとたしかにトップに『自分「プレゼン」術』が出てくるではないか。どうやら売れている順にソートされる仕組みらしい。

しかし、それでは「なぜリアル書店でランキング入りしないのか」が問題となってくる。中高年男性読者が圧倒的に多い新書売場でしか展開できてないからだ。その後リクルート関連の売場で平積みしたらようやくしっかり反応するようになった。リアル書店のみなさん！　勉強になるねえ。

▼**強引にベスト10を維持**……書店の売上げランキングをあげるために、意識的に購入を組織化すること。ただし、それを一定期間以上持続するのは費用などの点で大きな困難があり、逆にそれを維持できるのは一定以上の経済力・組織力が必要となる。【沢辺】
▼**売場**……ここではネット書店との対比を強調する意味での、リアル書店における売場。売場担当者の好み、恣意、思い込み、常識などによる、おもにジャンル、著者、出版社別に分類された物理的な「場」。【塚田】

返品率、夢の20%台は無理か

▼2001年6月

32・1%……2000年4月から2001年3月までの小社書籍返品率である。前年の38・3%に比べて大幅に改善されているではないか。配本パターンの更新は2月にしたばかりなのでその効果が発揮されたのではもちろんない。書店さんの仕入が格段によくなった、などということはもっとありようがない(失礼)。勘の良い書店さんはもうお気づきだろう。『金持ち父さん　貧乏父さん』効果なんである。因みに3月時点で同書の搬入数は80万部で、その時点の返品数はほぼゼロだから、その売上げ9億円を差し引いてみる。ガーン！　ナ、ナント返品率は39・4%となり、もうどうしようもなく絶望的だったのだ。当たり前だけど39・4%という数字はほとんど40%だ。40%の返品率となればもう取次さんの顔をまともに見られないくらいのものだ。ところが先日ある会合で「そんなもんで悲観してはいけない。わが社はもう50%を突破している」という方や「自慢しちゃうけど実はもうすぐ60%の大台に突入するであろう」などとおっしゃる豪傑にお会いした。ホッと胸を撫で下ろす自分が情けなかった。

ベストセラーがない状態で堅実な売上げと健全な返品率を維持することは大切だが、売れるものがでれば返品率が下がるのも確かな真実である。効率を高めるために薄皮を剝ぐように利益をも薄め、永遠のジリ貧スパイラルに落ち込むのもコワイ。『金持ち父

さん　貧乏父さん』は現在100万部を突破した。うまくすると120万部くらいにはいくかもしれない。6月に刊行する続編『金持ち父さんのキャッシュフロー・クワドラント』も当面30万部を目標にしている。これに配本などの一層の改善を進めて、是非とも夢の20％台を目指してみようと思っている。無理だろうなあ、やっぱり。

▼**返品率**……納品に対する返品の割合。ここでは、分母に当たる納品が増え、結果的に返品率が下がった形。近年、出版業界全体の書籍返品率は40％前後。なお、出版業界で「返品率」という言葉に敏感に反応する人は多い。【塚田】

ドジョウ本の意味はなんだ？

▼2001年7月

扶桑社さんが『バターはどこへ溶けた？』(ディーン・リップルウッド著) を出版した道出版さんを相手取り、不正競争防止法に基づいて出版差し止めを求める仮処分申請をおこなった。ふうむ、わかんないなあ。ドジョウ本がたくさん出れば本家はもっと本物らしくなるんじゃなかろうか。もしかして裁判になって注目されればもっと売れてしまうかもしれない。それを狙った裁判だとすると高度な戦術だなあ。「金持ちばあさん　貧乏じいさん」なんてのが出たら面白いだろうな。売れないだろうけど。故意ではないけど

「金持ち倒産　貧乏倒産」というワープロ短冊が結構あった。その人のワープロでは「父さん」よりも「倒産」のほうが優先されているわけだ。笑ってばかりはいられない。

扶桑社さんの戦術は高等すぎてボンヤリ頭の私にはなんで訴えるのかよくわからないが、訴えられた道出版さんの声明もこれまた私には難しすぎる。「出版不況の中、冷え切った市場に活況を与え、苦戦を続けている書店人に売れる商品を供給するのは出版社の責務と考える。なにゆえ、店頭の活況に水を差そうとするのか、理解に苦しむ」ということらしい。ホントに「冷え切った市場に活況」を与えて、「書店人に売れる商品を供給する」出版社の責務を果たすためにこの本を出したのなら、あまりに崇高すぎて、少しでも売上げを伸ばそうと、自分のことしか考えるゆとりのない私はアアなんと薄汚い商売人なのだ。落ち込んでしまうなあ。

ところで、『金持ち父さん　貧乏父さん』に続き、いよいよ待望の第2弾『金持ち父さんのキャッシュフロー・クワドラント』が刊行になる。2匹目のドジョウはいつもはいないというが、この本はドジョウではない。なぜなら、同じ著者による、しかもこれまたアメリカで堂々ミリオンセラーとなった書き下ろしなのだ。読者も書店も「待望」しておられるかもしれぬが、いちばん「待望」していたのは恥ずかしながら私だ。どうか私のためにたくさん売ってください。

▼**ドジョウ本**……類似企画本のこと。売れた企画を真似たり便乗して作った商品。パクリ本とも言う。ドジ

ョウ本が相乗効果をうむこともあるようだ。【桑原】

▼ミリオンセラー……文字通り部数１００万を超えた商品のこと。多くの場合、出版社の発表は、売れた部数ではなく製作部数のようだ。日本語の『金持ち父さん』シリーズは２００８年６月現在累計２８６万部を超えるといわれている。【桑原】

猛暑の中で書店からの電話

▼2001年8月

いつのまにかウヤムヤに梅雨が明けてしまった。いやになるほどの猛暑が続く。ひさしぶりに地方書店の友人から電話があった。

「東京の夏はウンザリだぜ。いいよな田舎は」

「ばか、田舎だって暑いよ」

「まあそういうな、天気がよければお客が涼みにきてくれるじゃないか」

「いまどきクーラーのない家なんてねえんだよ、いくら田舎だってな。こう暑くちゃみなさん外に出てくれないよ」

「やけにご機嫌ナナメじゃないの。今月もよくないのか？」

「もう慣れちゃったもんね。その程度の挑発には乗らないね」

「素直じゃねえな。心配してんじゃないか」

「よけいなお世話だ。せいぜいベストセラーでも売ってな。ご機嫌だよな、まったく」

「言うことに棘があるなあ。おたくだって売ってくれてるじゃないの、ダーッといっぱい並べちゃってさ」

「べつにおまえのために売ってるんじゃねえんだから嬉しそうにすんじゃねえよ」

「なんだよその言い方、嬉しくなんかねえよ、別に。……ちょっとだけ嬉しいけどな」

「ほれみろ、嫌われてるぞオマエ」

「そうかなあ。憎まれ口たたいてないで遊びにこいよ、たまには」

「暑いからいやだね」


なーんてね。暑い暑いと思ってばかりいると、まともな会話もなりたちません。本を売るのは涼しくなってからなどと言い逃れは身の破滅ですぞ！

『白い犬とワルツを』の仕掛け

▼2001年9月

新潮文庫の『白い犬とワルツを』(テリー・ケイ著)が20万部を超えるベストセラーとなっている。業界紙はもとより一般紙にまで報じられたので、書店さんはもちろんよくご存知だろうが、これまでのベストセラーと一味違っている。この文庫が刊行されてすでに3年もたっていること、売れる可能性を感じ取って仕掛けたのがひとりの書店人であること、それを盛り上げて全国的に展開したのが新潮社入社2年目の女性営業部員であることなど、これまでにこれと似たような例もなくはないが、なにしろ書店も出版社も会えば愚痴ばかりの状況下なのだからよそ様のこととはいえ「エライ!」と一言叫びたくなってしまう。

コンピュータが普及し、情報インフラが整備され、自店はもとより、全国の売行き情報がリアルタイムに把握できるようになった。そうなったのは必然だし、もっと進化もすることだろう。弊社もそのへんはバリバリ開発して活用もしているので矛盾するようだが、便利になったほどには人間のオツムのほうはちっとも進化していないように思えてならない。いかなる情報も結果にすぎない。書店も出版社も「まだだれも気がついていないこと」を探らなくてはいけない。「ベストセラーしか売れない」昨今の動向を読者のせいばかりにしてはいないだろうか。私たちが面白がらなくて、読者が反応してくれるはずがないのだ。自店・他店・取次のデータをチェックして(それも重要だが)、注文は自動発注で(それも便利だが)、仕事はそれですむはずがない。

どんなに便利なものができても、それが便利であればあるほど誰でも使うから、サービスが均質化するようになる。差がつかないからなにもしない。工夫することが異物であるような錯覚にさえ陥る。社会や経済に成長のみられない時代にポジティヴな発想を持つのは難しい。現場の担当者同士で育て上げた『白い犬とワルツを』の成功はけっしてささやかな事例ではないだろう。

▼業界紙……出版業界の動向を専門的に扱っている新聞（雑誌）。『新文化』（新文化通信社）『文化通信』（文化通信社）、また雑誌で『出版ニュース』（出版ニュース社）がある。書店の出店・閉店、出版社の倒産、売上げランキングなどの動向を記事にするだけでなく、業界の改善をめざす問題提起的な主張を展開することも多い。『文化通信』は出版だけでなく新聞・放送・通信・広告などのマスメディア全般の動向を扱う。【矢野】

9・11テロと関連本

▼2001年10月

昨夜アメリカで想像を絶するテロが起こった。えてしてこういう時にバツの悪い時間を過ごしているものなのだ。私はお恥ずかしいことに大宮サービスセンターのスタッフと新入社員を交えてカラオケでバカ騒ぎをしていたのだ。ゴメン。カラオケで遊んでいたから事件が起きたわけではないので、しょげたところでしかたないが、真夜中に帰宅した時、当然寝ているはずの家族がテレビの前でボーゼンとしているのに出くわして正直なところうろたえた。

私のカラオケは誰も褒めてくれないが、今朝の書店の反応はさすがである。もちろんデータベースを引っ掻き回した結果であろうが、イスラム関係の本の問い合わせと注文が殺到した。便乗というなかれ。これが本屋というメディアの宿命であり、あるべき姿なのである。最近はコテンパンに不調の書店業界だがここは頑張って稼ぐべきだ。

弊社はイスラム関係の出版を多く手懸けているが、ほとんどが絶版である。もともとあまり売れないジャンルである。なかなか復刊にまでは踏み切れるものではない。しかし、そうしたなかでちくま学芸文庫『テロルの現象学観念批判論序説』（笠井潔著）と『暗殺者教国――イスラム異端派の歴史』（岩村忍著）はどちらも実績は地味だが在庫もあるのでこの際ぜひ売っていただきたい。特に後者は原著が古い本なのだが、ニザリ・イスマイリ教国という実在した、暗殺を政治的手段とした国家の歴史書だ。10世紀から13世紀にかけて、世界の3分の2を支配していたモンゴル帝国にも公然と敵対していた国なのだ。内容も驚かされるが、なによりもわかり易く書かれているのが良い。

それにしても倒壊する高層ビルからパニックになって逃げ惑う群集の姿はどこかで見た記憶があると思っていたのだが、今思い出した。CG画像の迫力がヒョーバンになったけど、死ぬほどストーリーのつまらなかったあのアメリカ版「GODZILLA」だ。ナマに実在する高層ビルに旅客機が突き刺さる画像は、悲しいことだがCGよりCGっぽかった。

▼関連本…同じ著者や似たテーマの本。または、同じ読者が興味を持ちそうな本。類書。これらの集合により、

書店の売場は構成され特色が生まれる。本と本を関連づけて並べるのは書店員の技の見せどころである。【工藤】

全集の謝恩価格本フェア

▼2001年11月

この通信が届く頃、各地でお申し込みのあった書店さんで「筑摩書房謝恩価格全集セール」が催されているだろう。再販の弾力的運用を推進するという業界の課題は当初考えていた以上に多くの障害があった。謝恩価格販売を定価販売と委託を基本とした現在の流通システムにトラブルを発生させずにおこなうには①通常正味での出荷・返品とし、②割引販売を補填するために実売額に一定のキャッシュバックをしなくてはならない。さらにそれを実行するにあたって③すべての出荷商品に特別報奨券を挿入し、④書店さんから期間終了後報奨券を回収して⑤それぞれに郵便為替で振り込まなくてはならない。そしてその後⑥決して馬鹿にならない量の返品がかえってくる。大変な労力である。小社も参加しているが文庫出版社が共同で企画している「市場に稀少な……文庫の謝恩価格本フェア」はこの方法をとっている。このタイプの謝恩価格セールのもうひとつの大きな欠点は、「絶版ではなく現在流通しているが、できるだけ一物二価を避けるために書店に置いてある可能性の低い本」すなわち「絶版寸前の売行き不振の本」を選択しがちなことにある。

あまり売れないだろうけど……と思いつつ出品するフェアはつらい。つらいけど謝恩価格本フェアはもっと積極的に実施しなさいとのお達しである。かたくなにフェアの拡大に疑義を唱える書店さんもある。なぜもっとやらないのかという読者のお叱りも受ける。

筑摩書房は正直に原点に立ち返ることにした。つまり出版社としてきちんと利益をあげること、もちろん書店さんにも利益が見込めること、そして読者も喜んでくれることだ。全集は回転率が低いので一部の超大型店を除くと置いてもらえないのが実情だ。割引で需要を喚起できればありがたい。

今回のセールは一部の大型書店さんだけでなく参加を表明してくだされればすべての書店さん、そして古書店さんにも対応する。直取引は0・55、取次経由は0・52の買い切りのみだ。ご批判はさまざまあろうかと思う。しかしこういう販売方法がどういう成果を生み出せるのかご注目いただきたい。結果は業界紙を通して発表する。

▼**弾力的運用（再販制度の弾力的運用）**……メーカーが小売の販売価格を拘束することは独禁法で禁止されているが、書籍・雑誌・新聞等6品目は適用除外とされ、再販売価格維持契約によって定価販売が認められている。1998年、公正取引委員会は再販制度の硬直的・画一的な運用が消費者の利益を損ねる場合にはこれを見直すとして、是正6項目を提示した。これの対応として本格的にはじまったのが「弾力的運用」である。本文にある「謝恩価格本」（期間を限定した値引販売）のほか、非再販・時限再販本の増加、

既刊本の価格拘束解除、小売店でのポイントカード導入などがこれにあたる。【須田】

▼**買い切り**……返品できないこと。新刊委託や重版委託での配本に対して、書店からの注文品のこと。ただし注文品であっても「返品条件付」として買い切り扱いとしない場合が多くなっているようだ。【工藤】

謝恩価格本に貼るシール

▼2001年12月

謝恩価格全集セールは順調に推移している。業界紙に発表しただけでこれといった営業活動はしていない（その余裕がなかったのだが）にもかかわらず、反響は大きかった。もちろんはじめての試みだからということもある。

このセールでいちばん苦労したのは営業活動ではなく実はバーコードの上に貼り付けるシールだった。特別正味で出した商品が取次さん経由で返品されては困るので、「謝恩価格」と「○○書店」と小さく記入する必要がある。悪意の返品はないと思うが、処理ミスで返品が発生する可能性はある。蔵前は店頭雑貨の問屋街でもある。貼函に貼り付けるのにコピー用紙のシールではただでさえ無粋な「異物」だから読者から叱られかねない。ところがどの店を探しても真っ白なコピー用紙ばかり。それどころか、シール一枚一枚のサイズがしっくりこない。長すぎたり、大きすぎたりなのだ。やむを得ず我慢できる大きさのシールを購入したが、実際に貼ってみるとどうにも情けないシロモノなのだ。しかし、この悩みは受注開始の5日前に意外なところで解決した。製作部長と雑談中にこの問題に触れると、いとも簡単に「なぜもっと早く相談してくれなかったの?」ということになり、ある印刷会社さんを紹介してくれた。印刷してないシールを購入するのに印刷会社?と思ったが、要するに本作りに必要な資材のことならなんでも知っているのが印刷会社なんだそうで、言われてみればごもっともなことなのだ。おかげで貼函の美観を損なわないつや消しのグレーで、バーコードをピッタリと覆うシールを特注することができた。謝恩価格全集セールを実施の書店さん、「エッ! シール貼っちゃうの?」などと嫌な顔せずにこのエピソードを思い出してくださいね。

ところで11月13日現在謝恩価格全集セールの受注額は定価で1千万円、正味で550万円に達した。思った以上の途中経過だ。外商さんと古書店さんの善戦が目立つ。イヴェントをご存知ない書店さんも多いはずなので、もっと大きなビジネスになる可能性もありそうだ。もとより謝恩価格セールはアリバイではなくビジネスとしてでしか定着しないと思っている。もちろん最終結果も報告するつもり、お楽しみに。

▼**バーコード**……商品コード(=上段・ISBN)と分類コード・価格(下段)を機械によって瞬時に読み取るための表記。1990年、CVS業界からの要請によって導入された。当初はデザイナーや愛書家などから反発も受けたが、流通合理化の流れに乗って普及。現在では書店でのレジ・棚卸し業務、取次での納品・返品をはじめ、出版社の倉庫や読者個人の蔵書管理にまで活用されている。【須田】
▼**外商**……店頭の棚で売るのではなく、客先にカタログや商品を持って出向いて販売する営業形態。かつて

は個人向けの外商も多くおこなわれ、雑誌を足がかりに全集や百科事典などの販売を支えていた。現在は学校・図書館・病院・官公庁などの大口需要先に向けた営業が主流。【須田】

鈴木書店が倒産した

▼2002年1月

怖れていたことだが鈴木書店が倒産した。「ミリオンセラーが出た年でよかったじゃないの」なんて慰めてくれる人もいるが、初めてのミリオンセラーの利益がこんなことで削り取られるのがなんとも悔しい。一部の新聞の論調が気に入らない。「良書の流通に暗雲」なんていう見出しの記事もある。流通に良書も悪書もないだろう。「良書」だとか「良心的出版」などという言葉が出版社も新聞も好きだ。自分のことを善人だという人間と同様に滑稽だよね。

鈴木書店が倒産したのは「良書」を扱ったからではない。一発逆転のない流通業でありながら10年以上も赤字を放置し続けた放漫経営が最大の原因なのだ。あえて「良書」に原因があるとするならば「良書」にではなく、「良書」を出している高正味出版社との取引が鈴木書店にたくさんあったことくらいだ。

鈴木書店帳合だった書店さんへのお願いです。新刊配本のランク移動は、帳合切替を済ませた書店さんは滞りなく終了しました。したがってパターン配本で行く新刊は大丈夫。問題は全集などの定期配本の新刊です。とりわけ外商定期はトラブルになるので大至急定期台帳をチェックし、小社あるいは切替先の取次さんへ連絡してください。またこれはすべての出版社に共通するお願いですが、鈴木書店へ返すべき返品は早期にそれが可能になるよう関係者で管財人に働きかけております。切替先の取次に返品されると取次も迷惑だし、出版社はダブルパンチを食らう羽目になります。鈴木書店に返品できるようになるまでもうしばらくプールしておいてください。中小・零細の出版社は迂回返品をうけたら連鎖倒産さえしかねません。どうかよろしくお願いします。

▼**鈴木書店**……「神田村」とよばれる中小取次の代表的存在で、岩波書店、有斐閣、東京大学出版会をはじめ主要専門書出版社や中小出版社を含め約420の出版社と取引し、主に全国の大学生協や大都市圏の書店に書籍を供給した。迅速な商品供給と丁寧な営業活動で高評価を得ていたが、仕入先に高正味版元が多く、一方供給先に一本正味の大書店が多いこともあって利益構造が悪かったこと、またシステム化に立ち遅れて労働集約的構造を抜けきれなかったことなどを背景に赤字が続き、返品率の上昇などがあって資金繰りが悪化し、2001年に自己破産した。なお著者・田中達治氏たちの努力もあって、管財人によって書店↓鈴木書店↓出版社への返品や常備・大学生協定番の他取次への伝票切替えが認められたため、心配された迂回返品は避けることができた。【大江】

▼**良書**……長い年月にわたり多くの人々の目にさらされながら、価値を保ち続けた書物。またその可能性がある書物。しかし何を良書とするかは、その本と読み手との関係によってのみ成り立つ。作り手の思い入れが過剰な本を揶揄して「良書」と呼ぶこともある。【工藤】

▼**定期配本**……全集や講座・シリーズなど刊行が複数回にわたる出版物については、取次が定期台帳をもち、刊行の都度それに基づいて配本する。完結までの全巻予約注文をしている読者や図書館が多く、その書店

の必要数を確実に届けなければならない。【工藤】

▼迂回返品……その商品を仕入れた取次会社Sへ返品せずに、別の取次会社Nへ返品してしまうこと。出版社は、Sとの取引正味がNより高ければ、出版社↓S↓書店↓N↓出版社の経路で書籍がやり取りされると取引正味の差分が損失となる。また、Sから代金を回収できなかった場合は、Sへの納品金額とNからの返品金額の両方を出版社が負担しなければならない（これをダブルパンチということがある）。【工藤】

不景気なご時世でも仕掛けること

▼2002年2月

年内に景気が好転することは100%ありえない。まずその前提の確認が大事。こういう時は体力を温存するにかぎる。しかしそれが難しい。すべてにわたって消極的になりがちだ。弱気というのはウツルものだ。弱気はしばしば同意を求める。「□□出版ヤバイっていうじゃん。銀行もガッチリ締めてるから大変だよな？」「△△の仕入がしぶくってどうしようもないよ。オタクは？」こういう時は「そうだよね」とか「マッタクだ」などと答えるのがルールである。「ヤバイのはオタクなんじゃないの？」とか「うちはまったくノープロブレム」なんて言ってはいけない。正直に生きることはそれに見合わないリスクを負うものだってみんな知ってるんだ。てなわけで弱気は業界のスミからスミまで蔓延するのである。弱気はしばしば多数意見だったりもする。「この時期にそのような冒険はいかがなものか？」「ウーン、ここはやはり慎重にいきましょうかね」「で、成功する根拠は?」」弱気の群れをかきわけて勝負するのは疲れるのだ。勝負ならたしかに控えたほうがいいこともあろうが、即断できるはずの小さな決定を遅らせることもある。だからディフェンシブルに商売するのは難しい。「攻撃は最大の防御である」なんてみんながイケイケって言ってくれるから言えるせりふなのだ。

出版社だけではなく、書店・取次でも親しくお付き合いしてきた多くの方々がリストラで会社を辞めている。寂しい限りである。こういうご時世で横並び的な発想は危険だ。みんな骨の髄まで弱気が巣くっているのだ。自分だけでも生き抜いてみせるぐらいの気力を持たなければいけない。前述したとおり今は体力の温存が大切だ。しかしジッとしているだけで体力は消耗するものである。少々のリスクは恐れずにいろんなことをやってみようと思う。まず単行本でいくつか仕掛けたい。検定高校国語教科書の促進も頑張る。ちくま文庫の強化も編集部と取り組む。そして賛否両論あったが謝恩価格全集セットセールはあれだけ一生懸命取り組んでくださった書店さんの要望にお応えして再度実施するつもりだ。今年もぜひよろしく。

いよいよ参加、共同受注サイトBON

▼2002年3月

出版社の受注サイトが次々とスタートし、書店さんの利用度があがっているようだ。小以前は中小の書店さんがほとんどだったのが最近では大型書店の活用も増えている。小社も4月から共同受注サイト「BON」に参加する予定だ。新潮社、中央公論新社さんもほぼ同時期になるはず。参加表明してから2年近くなるのになにをモタモタしてるのかと書店さんはもとより社内からも非難されているが、ほんとうに大変なのだ、説明するのも大変なんだけど。

資金面、技術面などの問題もあるが意外にやっかいなのが在庫管理＝正確な在庫ステータスの開示だ。「エッ、筑摩書房って在庫管理もできてないの？」って思われてしまうかもしれないが、完璧にはやれてないんだなこれが。ご存知のように筑摩書房は膨大なアイテム数と小部数を誇る（？）物流泣かせの出版社だ。こういう出版社が生き延びるにはセコイまでに無駄なく売らなくてはいけない。

例えばAという商品が250冊ある。あたりまえだがこれが在庫だ。ところが250冊のうち50冊が美本で200冊が返品である。A（◯）とA（×）を在庫の性格として認識したうえで管理しなくてはならない。それでは在庫ステータスではどうなるかというと、A（◯）50冊を受注して良いかいけないかという判断だ。で、50冊は？というと、わからない。本の売れ行きによるのだ。1週間に売れる量、1日で売れる量は商品ごとに違うので、過去のデータにぶつけて「僅少」とか「品切」に振り分けられる。もちろんA（×）の200冊はそれ以前に改装指示がでているので「品切」になる前にA（◯）

に移動するはず。そこでさらに必要となるのが付き物（カバーやオビ）管理だ。3千アイテムの商品はこれらのリアルタイムな変動を把握したうえで在庫ステータスとして開示されるのだ。書店さんにキチンとした在庫状況をお知らせする、それもただ安全に無難な開示ではなく、ギリギリまで売りつくすことを前提とするのはたやすいことではない。

このシステムを完璧に動かすことを目的としてこの2年間頑張ってきた。受注サイトは書店さんにとって便利なものだ。将来は電話、ファックスにとってかわるだろう。乞うご期待。

▼**出版社の受注サイト／BON**……書店から複数の出版社への注文を一括して受け付ける専用Webサイトとしては小学館や集英社・白泉社・講談社（コミックのみ）などが参加する「s-book.net」と、文藝春秋・新潮社・筑摩書房など19社が参加する「BON」が有名だが、角川書店や河出書房、JTB、版元ドットコムなど独自の取組みをおこなっている社・団体もある。【高島】

▼**在庫管理**……出版物の単品管理には、通常の物流に関連した出荷・返品、倉庫内における改装・廃棄・棚卸、余丁や見本・社内在庫の把握といった課題がある。比較的早くからITが導入されていたが、近年は取次とのEDIの実現や精度の高まりにより信頼性があがってきている。【高島】

▼**美本と返品**……ここでは出版社の在庫のうち、すぐに出荷可能な本を美本（新品のもの、返品を改装してあるもの）、おもに取次から返品されたままの未改装本を返品としている。【塚田】

▼**付き物**……本の本体と分離可能なカバー、帯、スリップ、読者カードなどの総称。本体に「付属するもの」の意。【塚田】

来期の課題はベストセラーではない

▼2002年4月

鈴木書店倒産の波をもろに被ったにもかかわらず、なんとか利益が出せそうな見通しだ。ただし地力にものをいわせた余裕の決算ではなく、『金持ち父さん……』シリーズに支えられた結果であるのはいうまでもない。本来ベストセラー志向ではなかった筑摩書房のような出版社には、この数年ベストセラーによって好成績を収めてきたことが相応しいありようなのか議論のわかれるところだ。しかし、ベストセラーを生み出せる企画力を若い編集者が持てるようになったことも、それを仕上げる営業力ができたことも自負していいことなのだろう。3月20日には待望の『金持ち父さんの投資ガイド』が「入門編」「上級編」同時発売となる。予約の段階でアマゾンの売上ベストの上位にランクされるなどいい雰囲気である。2、3、4とシリーズが進むにつれ下降線になるのが普通だが、ゲラ読み段階で、スタッフが「面白い」を連発しており、内容が実践的なので第2弾の『金持ち父さんのキャッシュフロー・クワドラント』をはるかに上回るのではないかと密かに、いや素直に期待している。その他、『介護と恋愛』(遙洋子著)、『ザ・フェミニズム』(上野千鶴子・小倉千加子著)、『人間科学』(養老孟司著)、『たまもの』(神蔵美子著)など3月・4月の筑摩書房は硬軟とりまぜてかなり強いぞ。誰だ、やせ馬の道急ぎなんて言ってるのは。

期待の単行本はたくさんあるが、来期の全社をあげての課題はベストセラーではない。一番大きな課題は2003年度に採用になる高校国語検定教科書の学校促進だ。決して大儲けできるビジネスではないが、成功すれば長期にわたる下支えになる。次の課題は秋になるが、ちくま文庫の古典・文芸スタンダード部門の強化キャンペーンだ。社内では「クラシックス」と呼んでいるが、背がピンクのジャンルを新刊・復刊を織り交ぜて、ちくま学芸文庫と双璧をなすロングセラー文庫に仕立ててゆくつもり。教科書は書店さんとあまり縁がないが、文庫はなんといっても書店さん頼り。営業スタッフがフェアを含めたキャンペーンのお願いにあがります。どうかよろしく。

GW前後はとびきりせわしない

▼2002年5月

昨年末からの鈴木書店倒産騒ぎでドタバタしながらアッというまに決算となってしまった。ネガティブな話題が多いなか、例年より2週間も早く桜が満開となった。花見をしそこねたオヤジの嘆きは無視するとして、入学式の日に桜をバックに記念写真を撮れなかった学生さんにはちょっと同情しておこう。まさか桜のせいでもないが、この春なぜか小社は気ぜわしい。『金持ち父さんの投資ガイド』入門編・上級編が3月に同時発売になったからではないだろう。これまでトーハンさん、日販さんで年2回の常備入れ替えだったのを今年から一緒に夏1回にしたこと、それからなんといっても高校検定教科書の大改訂に伴う促進年にあたることが大きい。これらは全部ゴールデンウィークを挟んで長い時間をかけて進めなければならず、地味だけど小社にとっては大規模な仕事なのだ。連休も無休の書店さんには申し訳ないが、このGWがクセモノなのだ。例えば常備入れ替えは書店さんの申し込みを連休前に完全に回収してしまわないと大変なことになる。連休後に督促の電話をしても「えっ！　いつご案内いただきました？」とか「たしか申し込み済みだと思うんですけど……」などとメチャクチャなことになってしまうのだ。

教科書の促進もGW明けから6月中旬までのほぼ1ヶ月に絞られる。その前は新学年の始まりで先生は翌年の教科書どころではないし、7月にもなればどこも採用が決定してしまうのだ。だからGW前に拡材送付や出張準備などを万全に終えておかなければならない。常備入れ替えも教科書促進も毎年のことなのだが、今年は極端に規模が拡大し、その上『金持ち父さん……』の刊行と著者来日が重なったのでとびきりせわしなくなってしまい、ついつい桜の花にあたってしまったというわけだ。

そうそう、GWを挟んでもうひとつ大事なお知らせ。全ジャンルの配本ランクが改正となる。鈴木書店関連で帳合変更もあったようだし、気掛かりな書店さんもあるはずなので、ちょっと注意しておいてください。

▼常備入れ替え……書店の常備品を年に一度、入れ替えること。常備アイテムの見直しのほか、カバーの褪色した本や汚れ・オビ切れなどのある本をまとめて交換できるという効用もある。いっぽうで書店への常備契約更改の確認、多数の重版や改装の進行、セット組・箱詰・送品の手配など、出版社の業務量も多い。そのため、入れ替え期を取次ごとに夏・冬に分割するなどの手段で業務と在庫の平準化を図る出版社もある。【須田】

変化のスピードがただごとではないのだ

▼2002年6月

『金持ち父さんの投資ガイド』は順調に売れている。1、2、3と徐々に部数は落としているものの1『金持ち父さん　貧乏父さん』は重版し続けているし、2『金持ち父さんのキャッシュフロー・クワドラント』も返品がなくなって重版が出た。おかげさまで決算も悪くはなかった。しかしこの成功が弊社の経営基盤に安定をもたらしたかといえば、残念ながらそれほどのことではない。キャッシュフローはもちろん改善されたが一番大きな収穫は「どんな出版社でもミリオンセラーを出せる」ということが実感できたことだ。だから臆面もなく宣言しておく。またミリオンを出すぞ！……って力んでもしょうがないんだけど。

本が全体的に売れなくなったというのはたしかにそれはそれで大変な事態だが、これまで出版社にはドル箱というか、主力商品や隠れた本業を持っている社が多かった。A社の百科事典、B社は国語辞典、C社は高校入学ガイド、D社は不動産事業など、よく知られたものから「へえそうなの」というものまでしっかり稼いでいたものだ。ここにきてその絶対安定商品が各社どうもパッとしないようなのだ。小社も「全集の筑摩」と呼ばれてきたし、頑張って出し続けてきたが、部数はメッキリ減少した。ホントに辛いっていうのはなにからなにまで辛くなることなんだ。

こういう現象というのは出版業界に限ったことではない。隆盛を誇っていたダイエーがこれほどの経営難に陥るなんてだれが予測しえただろう。しかしさらにそれ以前を振り返ると「デパートがスーパーに打ち負かされるなんて!」とビックリしていたんだなあ、ほかならぬ私が。世の中の変化はだれも止められない。それは普遍なのだろうが、スピードがただごとではないのだ。出版業界はあまりにも不動の姿勢をとりつづけていたので、いま目が回っている状態なんだな、きっと。

脱線したが、なんでこんなことを書いたかっていうと、「金持ち父さんシリーズで蔵が建つだろう」って冷やかしを頻繁に受けるのでちょっとかわしたかっただけ。ゴメン。苦難の場数は踏んでいるからこの程度の成功でいい気になるほど筑摩書房は甘くない。でもきっともう一個だすよ、ミリオン。(未掲載原稿)

死のロード、検定教科書促進

▼2002年7月

なんと先月号（6月号）の営業部通信で5月号の原稿を再録してしまった。社内の友人から「なんだか先月号とよく似たお話でしたね？」と苦笑まじりの指摘を受けた。そうだったかなあ、そろそろ本格的なネタ切れになってきたか、などと反省していたのだが、なんのことはない。手違いで5月号の原稿をそのまま6月号に貼り付けた単純ミスだった。しかし「同じような内容……」といわれて「そっかあ……」とうなだれてしまうこと自体、担当者ともども反省しなければ。6月号の原稿をもう一度読んでみたが7月号で復活させるほどのものではない。

さて全国の書店さんには担当者が2ヶ月近くご無沙汰している。もしかすると変な時間に「ご飯食べよう」などと突然おじゃましたり、以前の担当者が「やあ、しばらく」なんてことがあったかもしれない。申し訳ないが、出張中親しい人に会いたくなってのことだ。社内では「死のロード」と呼ばれる検定教科書促進は連休明けに始まり、7月上旬まで続く。役員もヒラも、男も女も分け隔てなくこき使われる。出張中に梅雨入りし、いつのまにか真夏の炎天下学校の校門をくぐっている。ワールドカップも出張中にラーメン屋のテレビで開幕を迎え、日本の敗退が決まった今もまだ歩き廻っている。記念すべき30歳の誕生日を地方のホテルで一人ぼっちで迎え、ヤケクソで祝杯をあげた独身女性もいる。採択の結果が出るのは夏休み明けになる。楽観はできないが、先生たちの教科書に対する評価は今のところ上々だ。旨いビールを陽気に飲みたいものだ。

担当者が留守ばかりでご迷惑をおかけしているが、引き続き新刊がヒットしている。『金持ち父さん』シリーズ、『人間科学』なども順調に売れ続けるなかで、『Ｏｏｐｓ！ウップス！』（はな著、単行本）『現場主義の知的生産法』（関満博著、ちくま新書）『「できる人」はどこがちがうのか』（斎藤孝著、ちくま新書）『整体入門』（野口晴哉著、ちくま文庫）が次々と大部数の重版を重ねている。ワールドカップも終わって書店さんにもお客様がどっと戻って来る（？）はずだし、有能（？）な小社の営業担当も書店促進に復帰するのだから、今年は夏枯れなんて無縁だぞ！

強烈な教師の対応で変身するのだ

▼2002年8月

教科書出張が終了し、強烈な疲労感と虚脱感に襲われている。一人あたり延べ4週間の出張だ。体調を崩す者、足裏マッサージがヤミツキになってしまった者などもおり、さすがに休暇をとらせてやりたいところだが、残念ながら夏休みになる前にもうひと働きしてもらわなくてはならない。10月にちくま文庫の強化キャンペーンを催す。表向きは大きな変化はないが、月マーク「古典文学」「全集」の新刊・復刊を増やしていく。フェア企画もセットになっているので、7月中に書店さんにお願いしなくてはならないのだ。

月マークの新刊は手堅いジャンルだが売れるぞ。『内田百閒集成』全12巻はこの間入手困難だっただけにファン待望のシリーズ、『三国志演義』全7巻も井波律子個人新訳。その他単品、シリーズ計7点でスタート。復刊は『荒涼館』全4巻、『リトル・ドリッド』全4巻、『別世界物語』全3巻。新聞広告、店頭パネル、チラシ、ポップなどの販促ツールもバッチリ用意する。

そんなわけで、またまた出張なわけだが、担当者それぞれ教科書出張の変なクセがついてしまって心配だ。そこで書店さんにお願い。ぐったりへばっているようだったら、それはべつに気に掛けなくてもよい。バリバリこき使ってくだされればそのうち元に戻るに違いない。問題なのはミョーに押しが強くなってしまったやつだ。特に名古屋合宿組（桃野、北村、羽賀）が危ない。なにしろ1ヶ月半にわたってずっと空気を入れっぱなしだったので、強引なうえ羞恥心をなくしてしまった。引き際がわからないのだ。「今回は遠慮しておきます」くらいのお断りでは絶対に引き下がらないと思う。学校では、「あら、まだいたの？」「そのうち検討するからそのへんに見本置いといて」「わざわざ来なくてもいいのに」「ちくま？　めずらしいね。殿様商売って言ってるよ、みんな」まだまだ強烈な教師の対応がある。だから少々のことで落ち込んではいられないのだ。変身した彼等をお楽しみに。

「待っていたのよちくまさん、いろいろ伺いたいことがあって」と疑問や批判を爽やかに話してくださる先生も沢山おられた。それだけで疲れは吹き飛ぶものだ。よい経験を積めた。

謝恩価格全集セールは完全買い切り

▼2002年9月

猛暑が続いている。通勤の電車もだんだん隙間ができはじめて完全に夏休みモードになってきた。来週月曜日12日から各県教科書採択の結果が届き始めるはず。開票が本格化するのはお盆明けだが、結果がはっきりしないまま夏休みになってしまうのはどうにもスッキリしない。教科書営業担当の木村はひとり早めの夏休みを取ってしまった。8月後半の開票に備えたのだろう。木村の一喜一憂が目に浮かぶようである。先月号で教科書促進のエピソードを書いたら、長岡市の書林長岡さんから県立長岡高校で小社の国語教科書の採択が決まったとのお知らせをファックスでいただいた。書店さんにとっては、採択がどこの出版社になろうととりあえず営業的には関係ない。教えてくださったご好意をエールとして素直に受け止めたい。

謝恩価格全集セールを今年も実施する。昨年は充分な準備をできないままスタートしてしまった。期限と商品を限定した自由価格本セールだが、はたしてどんな反響があるか正直なところ不安もあった。しかし蓋を開けてみれば予想外に好評で、全国64法人、74店の書店さんが参加された。売上げは正味で約1千万円に達した。すべて直取引だったが完全買い切りも守られたし、売掛の回収も100％だった。ある山陰の書店さんからセールの参加を申し込む電話をいただき「御社の決断を嬉しく思います」と励まされて感激した。今年はご注文受け付け期間を10月1日から12月20日まで約3ヶ月取った。また外商で扱っていただくためにカラーちらしも用意した。また去年はほとんどが直接取引となってしまったが、今年は日教販さん、八木書店さんをはじめとする複数の取次さんの参加がありそうだ。去年実施して成果をあげられた書店さんはもちろん、参加しそこねた書店さんも是非挑戦してみてほしい。

最後に、謝恩価格全集セールの感想で付け加えるならば、自分で仕掛けておいてなんだが、買い切りで仕入れるということは本当に大変だ。みなさんとてもご苦労されていた。しかし、くどいようだが、書店さんの大小を問わず、事故や不良品クレーム以外の返品は一切受け付けない。詳しくは同封の案内文をご覧ください。

▼**不良品**……不良品には、製本過程で起こる「乱丁」「落丁」と流通過程でおこる「破損」「汚損」などがある。ページの一部が抜け落ちた本を「落丁」、ページの順番が違ったり、逆さまだったり、印刷が不明な本を

「乱丁」という。この両者を総して「落乱丁」という。また、カバーが破れたり、本体に傷がついたりしたものを「破損」、汚れがついたものを「汚損」という。【吉岡】

脱線、新札切替え

▼2002年10月

2004年度から紙幣があの2千円札を除いて新しくなる。お札を作っている技術者には別に文句もないが、作るって決めてる方々にはどうしても一言言いたくなる。しつこいようだが、あの2千円札は今では日銀の職員が給与の一部として手渡される以外まったく流通していない。出来立ての2千円札を手にした故小渕首相の無邪気な笑顔が哀しくも脳裏に蘇る。あの時も政府関係筋の話では、かなりの経済効果が見込める云々のアリガタイご託宣があった。曰く「自販機メーカーは潤うだろう」なんて話だったなあ。どこに2千円札対応の自販機を購入する小売店があるというのだ。自販機保有数日本一のJR東日本だって全然じゃないの。

意味不明の2千円札と違って、1万円、5千円、千円のお札となればどの自販機も対応せざるを得ない。しかし、新しい自販機になったって電車余分に乗るかい？　タバコ本数増やすかい？　怖いのは、自販機対応に伴う経費増を補填するための運賃の値上げだ。価格に転嫁できず、経費の増大に堪えられなくなる企業だってあるだろう。末端の流通、サービス業の経営実態をまったく理解できない官僚だからこそ言える能書きなのだ。余計な手前味噌は抜きに「国際的な偽造対策に備える」とシンプルに言い切ればいいのだ。

それにしても5千円札が樋口一葉かぁ。「男女共同参画社会の推進を意識して……」てのも傑作だよなあ。これほど極貧に泣いて、ついには命を縮めた人をお札の顔にするなんて洒落てるじゃないの。気が利いたついでにもう少し突っ込んでほしかったな。5千円札が一葉なら1万円札は宮沢賢治、千円札は石川啄木にしなくっちゃっ。こうすれば日本国民誰だって泣けるってもんだ。

どうも新札の話が出るたびに文句を言ってる。書店さんに喚いてもしかたないのにね。だけど、創造的に仕事ができない人ほど「一応、こんなことやってみました。いいでしょう」的な事業に手を染めたがるものなのだ。「官」だから出来るんだよ、そんなヒマ仕事！

今月も脱線しっぱなしでごめん。

ヤケクソで「発作性群発頭痛」について

▼2002年11月

私は病気だ。病名を「発作性群発頭痛」という。たかが頭痛といってはいけない。一年あるいは二年に一度群発期が訪れ、その期間は一日に数回の発作が起きる。痛みは左の眼窩及び左側頭部に集中し、およそ1時間続く。発作の時刻はまちまちで、会議中や来客中はもちろん、睡眠中にも容赦なく襲ってくる。去年も夏に群発期に入り、会合や商談をいくつかキャンセルしたが、今年も8月9日に最初の発作が訪れて10月中旬の現在まだ群発期を脱出できずにいる。

なぜそんなことをこの場で告白するかといえば、ひとつにはこの原稿がなかなか書けずにいるからだ。仕事ではいろいろと障害が出ている。会議中に突っ伏してしまったり、外部のかたとお約束するのも不安だ。飲酒は確実に発作を誘発するので、夜の会合は不可能だ。これは営業担当者として、想像した以上に情報を狭くするものだと実感している。情報範囲が狭くなるとポンポンと言いたいことが出てこない。だから原稿が書けなくて、こうしていいわけしているのだ。

ついでだからヤケクソで病気のことに触れると、「発作性群発頭痛」は対処療法は以前より可能になったが、完治の見込みはない。そして発作の起きてない時間はなにごともないので、仕事を休んで治す意味がない。仕事をしてても休んでいても同じことなのだ。職場のスタッフも随分慣れてきて、私がいないと「小部屋で寝てるんだ」とわかってくれている。頭痛は「緊張型頭痛」「慢性偏頭痛」「発作性群発頭痛」とに大別でき、痛さでは「群発頭痛」が横綱だが、仕事や日常生活に与える影響では他の二つの症例のほうが深刻かもしれない。なんといっても寝込んじゃうから。意外に身近なところに頭痛持ちはおられるので、職場のかたは理解してあげてくださいね。それからこれを読んでる人のなかに同病のかたがおられたら、「全国慢性頭痛友の会」(http://www.headache.jp/)というHPがあるので開けてみるといい。私はとても助かった。

というわけで、今月は変な文章となってしまった。ごめん。それからご無沙汰つづきのみなさんにもついでにごめん。現在の病状から推測するとこの通信が届くころには群発期は脱しているはず。忘年会はつきあえるよ。

『ハリー・ポッター4』の買い切り

▼2002年12月

『ハリー・ポッターと炎のゴブレット』(J・K・ローリング著)の買い切り予約制が話題になっている。買い切りでありながら通常の正味なのはおかしい。リスクが大きすぎるというのが書店さんの意見。一方、書店の大小にかかわらず希望の部数を配本させるためというのが出版社の言い分だ。大成功している出版社の肩を持つのは悔しいが、これはどうも書店さんのほうが虫がよすぎるのではないか。空前のベストセラー商品を低正味で満数くれってことだもの。プレイステーション2が発売された時、あまりにも過酷な取引条件に唖然としたものだった。儲けはない、希望数も入荷しない、苦情殺到で小売店は泣かされっぱなしだった。高正味、通常正味での買い切りが一般化しては困るという理屈もあてはまらないのではないか。出版社、書店双方が絶対に売れるという確信がない限り、こんな取引条件など提案するはずがないからだ。厳しい意見が出る可能性がありながら、あえて具体的な成果の期待できる方法を選んだ出版社が偉いと思う。

『ハリポタ』はこれまで配本が進むにつれ、その部数を膨張させてきた。書店に対する貢献度は絶大である。しかしこの小さな出版社が入荷の苦情をいったいどれだけ受けたかを想像するのは難しい。懇願、罵声を浴びながら愚痴すらこぼせない。愚痴れば「ぼろ儲けしているくせに」と言われかねない。はたしていつ売れ行きは頭打ちになるのか？　もし部数を見誤ったら？　想像を絶するプレッシャーだろう。

しかし、書店さんも緊張したことだろう。小さな書店さんでも何百セットと仕入れたところがあるそうだし、力のあるチェーンともなれば10万セットともいわれている。億単位の仕入原価が翌月の請求になるわけだもの。早朝販売に踏み切るのもよくわかる。景気付けのイヴェントでもあるのだろうが、早く完売の目途をつけたいというのが本音だろう。

ああ、それにしてもそんなプレッシャー味わってみたいものだ。想像するのも空しいが、筑摩書房だったらどんな配本をしただろう。やはり買い切りは選ばなかったと思う。家に帰ってチビチビやりながら考えてみよう。『ハリポタ４』の超多面積みに蹴散らされた哀れな被害者なんだから、この程度の無邪気なおしゃべりは許してもらえるよね。

▼**超多面積み**……本を目立たせ、あらゆる方向から見えるようにするために、積み木のように本を積み上げて陳列すること。そのためには、それなりのスペースが必要となり必然的に他の本が片付けられてしまうことになる。【池田】

筑摩が買い切りだったころ

▼2003年1月

先月号で静山社さんの『ハリポタ4』買い切りについていささか所見を述べた。あの「買い切り」は、爆発的に売れることが確実で、小売店での売れ部数が前作の経験からかなり正確に予想できるこの商品だからこそ成立する特殊な取引だ。小売店の大小を問わず希望の部数を配本し、しかも（当然のことだが）返品を生まず、利益も下げず、という目標を実現したわけだ。エライ！

で、今回は「買い切り」の思い出話をしたい。べつによそさまの「買い切り」政策をどうこういうつもりはない。昔、筑摩書房も実は「買い切り」だったのだ。倒産をしてこれはなくなったが、やはり倒産でもしなければやめられなかったんだろうなあと思う。やめられない一番の理由は資金繰り。なにしろ納品すればお金になるのだから。二番目の理由はやめた瞬間に途方もない返品に見舞われかねないことだ。こわいぞーこれは。

しかし販売促進の立場からすると「買い切り」で営業するほどやりづらいことはない。書店さんに行くたびに返品の交渉をされるし、新企画の説明に行けば注文をもらうかわりに「名刺を置いていって」とおねだりされる。この名刺の使い道はもちろんわかるよね。ボーナス闘争はなかなか妥結せず、経営者からはもっと注文を取って来いとせっつかれ、かくして販売促進はいつのまにか死のロードと成り果て、筑摩書房の注文書と名刺が書店で乱舞するのだ。

一念発起して販売調査をしようとスリップの定期送付を書店にお願いすれば「買い切りなのに調査が必要なの？」と冷笑され、マーケティングだとかマーチャンダイジング、ディストリビューティングなどの用語も意味不明の横文字となり空しく虚空を通過する。ひれ伏してお願いするのと、「持ち帰って検討します」式不決断戦法が数少ない決め技だった。

今この大不況のさなかで、20年以上も昔にこの悪循環をリセットできていて本当によかったと思う。厳しい2002年はなんとか乗り切った。大きな飛躍は望むまい。しかしちょっとでいい、確実な利益を出せる2003年でありますように。

▼**筑摩書房の倒産**……筑摩書房は1978年に会社更生法の適用を申請して更生会社となった。放漫経営と全集など大型企画を無理に売り込む旧態依然とした営業方法によって経営不振に陥ったといわれている。

その後、バブル期終盤の1989年に旧本社社屋を売却し、蔵前に移転。1991年更正終結。更生会社時代に営業の責任者だった菊池明郎氏（2008年現在同社社長）や著者・田中達治氏らが中心になって単品販売管理による合理的な営業スタイルを確立。文庫、新書の創刊によって経営を安定させ、2002年に現本社社屋を購入するまでになった。【星野】

文庫と新書に力を入れた

▼2003年2月

傍目にはさほど目立つことはなかっただろうが、2002年の筑摩書房は文庫、新書に力を入れて、そしてまたその結果を出せた一年だった。

これまでのちくま新書は真面目だけどイマイチ新刊のヒットが不足気味。定番の棚回転を重視する文庫と違って、新刊のパワーが重要な新書ジャンルは力のある著者の渾身の書き下ろしであっても、かならずしも新刊として良い結果とはならない。直球一本やりでは息切れも起きてくる。山野浩一編集長は営業部出身、それも書店促進の最前線で活躍したキャリアを持つ。書店さんとのおつきあいも続いている。書店店頭の現実感があるのとないとでは大違いだ。2002年に入ってだんだんちくま新書の平積み定番が面積を拡大し始めた。『教育改革の幻想』（刈谷剛彦著）4万3千部、『長期停滞』（金子勝著）7万3千部、そして『女は男のどこを見ているか』（岩月謙司著）は13万部を超えてまだまだ衰えをみせない。12月の新刊も好調に重版を出している。この勢いに乗って、ちくま新書は3月から下旬発売を7日前後の発売に変更する。ふたつの文庫とともに中旬の新聞広告スケジュールに合わせることになったのだ。新年になって永田士郎、伊藤大五郎2名の新人がスタッフに加わった。入社早々バリバリと締め上げられているはずだがまだ悲鳴は聞こえてこない。そのうち営業部からもシゴキの出前を届けてやろう。

ちくま文庫は思想・社会科学のジャンルを明確に持つちくま学芸文庫に比べ、ジャンルが多岐に渉り、健闘しているにもかかわらず雑多な感を拭えなかった。背が茶色の月マークを、より充実させるべく強化した。スタートを切った『内田百閒集成』と最新訳『三国志演義』も好調だ。ちくま学芸文庫では扱いづらかった古典文学や近代文学の新しいラインナップもつぎつぎ登場する。一般書の太陽マークも『整体入門』(野口晴哉著)が13万9千部の大ブレイク。同じ著者の主著『風邪の効用』がもうすぐ出る。おなじみのアウトロー路線も堅調でまだまだ出るそうだ。お楽しみに。

▼棚回転……書店の一定の棚、期間における、ある商品の売上げ冊数。通常1冊しか棚に差さず、売れた時点で発注し補充された時点で一回転となる。定番商品、常備寄託などの商品力の指標となる。【塚田】

ロングセラーを支えるのは出版社の技

▼2003年3月

「本」は出そうと思えば誰でも出せる。あるいは書こうと思えば誰でも書ける。「本」にする資金がなければ、ネットで公開すればよい。書いて読んでもらうという当初の目的は達成される。

出版業とはそれを商品にして売り、その利益で食う者たちの共同体である。したがってわざわざ金を払って読んでくれるほどの「本」をつくらねばならぬ。大変なことである。それには企画力という才能がいる。著者を説得する教養と忍耐と愛嬌がいる。考えて、悩みぬいて、拝み倒して、ようやくできた「本」も順調に売れるものばかりではない。やむなく返品を断裁し、どうしても売れなければ絶版にせざるをえない。その厳しい淘汰の網を掻い潜った「本」が名著となり、商品としてはいわゆるロングセラーなのだ。

しかしロングセラーとはいえ、年間500冊売れるものはなかなか立派なほうで、年間200冊、いや100冊しか売れぬものでも出版社はしぶとく売るのである。20年、30年と売り続けてきた「本」もある。編集に比べて注目されない仕事だが売り続けることも出版社の重要なスキルなのだ。

筑摩書房は総建坪1700坪の限られた倉庫で実に3500アイテム、400万冊の商品を管理する。1アイテムあたりわずか半坪だ。1アイテムといっても良品、返品があり、ピッキング棚、作業場なども大きく場所をとる。すごいだろう！　自慢するぞ！　簡単じゃないんだぞ！　物流、営業、システムが何十年かけて磨き上げた出版のプロの技なのだ。

「良書を長くコツコツと……」という美談にはビジネスの当事者としては関心がない。それは仕事の成果であり、あるいは企業戦略の一環にすぎない。来年4月に消費税を含む総額表示（内税化）が義務化される。3500アイテムのカバーを刷り直し、400万冊の商品を改装しなくてはならない。売上を増大するためでなく、税を価格の裏側に隠すために、言い換えれば経済政策のつまずきを隠蔽するために数億円を投入することになるのだ。

そしてそれは消費税率が変わるたびに繰り返されるわけで、なんとも素晴らしい経済活性化政策である。ほんとうに出版経営を危うくすることなので、ささやかな抵抗だが何度でも書いていくつもりだ。

▼ピッキング棚……ある書籍も、一定期間（長期）保管する棚と、出荷するために取り出しやすく少量ずつ置く棚と、複数箇所に分散して保管する場合が多い。ピッキング棚は出荷するために利用される棚。【沢辺】

筑摩書房はフツーなんである

▼2003年4月

すでに業界紙の記事を読まれた方も多いと思うが、小社は2月28日現在入居しているビルをそのまま本社ビルとして購入した。自社ビル購入といっても、4月中に若干のリフォームがあるだけで目に見える変化はとりあえずない。『金持ち父さん……』の余剰利益で購入したと思われるかもしれないが、残念ながら10年ローンをしっかり組んである。家賃とローンのリスクに大差がなくなり、それならば10年後の安定を選択しようということにすぎない。

とはいえ1989年神田小川町の自社ビルを売却し、なんとか更生終結に辿り着いたことを思えば感無量だ。25年前の倒産時、自前のビルと倉庫は確かに所有していた。しかし本社ビルはビルと呼ぶにはあまりに粗末だったし危険ですらあった。倉庫はあれだけ給料を払っていた会社のものとは思えないガラクタ同然のシロモノであった。借金もあった。目先の資金繰り目当てに大型企画に頼りがちで、文庫も新書も持てずにいた。

自社ビル購入の記事を読んで考えてみると、小社はえらくフツーの佇まいをしているように思える。本社は瀟洒な自前ビル。倉庫は千坪の自前倉庫で、目を見張るほどの機械設備はないものの建物は清潔でシステムは先端を行き、小気味よく機能している。キャッシュフローも健全だ。大手出版社に比べ、給料は低いが社員のモチベーションも高い。どれをとっても「快挙」と呼べるものはなく、あきれるくらいにフツーなんである。

　この数年を除くと、出版業界は長い長いバブルの中を漂っていたのかもしれない。しかし筑摩書房はこのフツーの佇まいをたぶん変えることはない。25年前、フツーでいられるチャンスをもらった数少ない出版社なのだから。本社ビル物件を探している間「蔵前どすこい通信」の名称が「新橋どすこい通信」だとか「飯田橋どすこい通信」に変わるのはつらいなあと思っていたが、杞憂となった。ささやかにだが妙に嬉しい。

役に立つ物流講座「逆送」編・1

▼2003年5月

　ネタが尽きるまでしばらく物流の話をする。書店にとっては絶対役に立つ連載だから必ず読むように。物流を考えるとき、あたりまえだけどモノの流れの話だから、宿命的にそのひとの体感的な経験則から想像が広がらない傾向がある。つまり書店の側に立ってみると、「このようにした」結果「このようになった」。したがって「○○の場合△△だ」式の思い込みが多い。物流上の因果関係はもっと重層的なのだ、本当は。

　さて、役に立つと見得を切ったのだから連載第1回は「返品」、それもいきなり「逆送」から展開してみよう。「逆送」ほど書店の勘違い、思い込みの激しい問題はない。

いきなり断定的にやれて気持ちいいぞ。「逆送」の実態を理解できればメチャクチャ役に立つかもしれない。「逆送」を喰らうとまずアタマに血がのぼる。カーッとなって出版社の営業担当者の貧相な顔を思い浮かべて舌打ちしたりするわけだ。ここでまず冷静にならなければいけない。そもそも誰が「逆送」のスイッチを押しているのか?「逆送」の99%は取次が一定の基準に従っておこなっている。べつに取次を悪者にするつもりはない。出版社にとっては「逆送」を代行し、「そうイージーには返品できないからね」とアピールしてくれているのだからじつにありがたいシステムなのだ。で、どうして取次が「逆送」を請け負ってくれているのかといえば、単純に返品を減らしたいという理由が一番、出版社まで返品を通過させて出版社に「逆送」された場合のコスト負担を回避したいのが二番目の理由だ。だから「逆送」を回避するためにはまずこの取次の第一障害をクリアしなくてはならない。で、取次の誰が「逆送」しているのか? あなたのところに出入りしている営業担当ではないし、もちろん課長や部長の仕事でもない。若い担当者か、もしかしたらアルバイトかもしれない。しかし誰なのかはじつはどうでもいいことで、大切なのはあなたの作った返品のアタマ紙がなくならないうちに「逆送」されるということ。つまり箱を開けた直後になんらかの基準で判断されているということだ。

字数制限で今月はここまで。営業部通信物流編「逆送」その2、以下次号。

▼逆送……書店が返した「返品」が受け取られずに「返品不能品」として書店に戻されてしまうこと。逆送品に対して書店に手数料が発生する場合があるため、これを嫌うだけでなく、「逆送」される可能性が高い出版社については発注をためらう場合も見受けられる。【高島】

役に立つ物流講座「逆送」編・2

▼2003年6月

取次は返品、とりわけ「逆送」については語りたがらない。わたしも作業現場を目撃したことがない。だから以下の取次逆送マニュアルは常識的な推測だ。①出版社が委託制なのか買切制なのか②委託期限内か期限切れか③スリップはついているか④出版社了解があるか⑤倒産出版社の本ではないか⑥書店が高返品率のブラックリストにのってないか……などが考えられる。

ところがこれはあくまでマニュアルであって、書店から聞く「逆送」の実態は「?」のつくものが多いようだ。例えば①だって2千社もある出版社の取引条件など憶えきれるものではないし、一冊一冊調べている余裕もないはずだ。「難しそうな本だし買い切りだな、これは」なんて「逆送」されることだってありうる。小さな書店は「逆送」を嘆くけど、じつは超有名大書店のほうが「逆送」は多いのだ。全体の量が多いからではない。買切りや無名出版社の商品はもちろん、なにがなんだかよくわからない商品をたくさん扱うし、それがウリだからだ。書店の有名人のほとんどは販売か仕入だ。「わたしの得意はじつのところ返品です」という人にはめったにお目にかからない。しかし「返品の名人」は人知れず実在する。これぱかりは実名を伏せるしかないが、したたかなノウハウを持っている。

返品名人の条件とは①仕入れが適切②手が速い③零細版元に知己が多い④取次の実態を理解している……などがあげられる。取次の逆送マニュアルは完全にアタマにはいっているし、要するに基本に忠実なのだ。ある規模以上の出版社になると返品はアイテムごと、文庫は定価ごとに仕分けられて(これが助かる)10トン車でドカッと荷受する。返品がどこの書店から来たかはまったくわからない。小さな出版社ほど商品に近いところで仕事をしている。ひょっとすると本を作った本人が返品を受けているかもしれない。買切り出版社では営業担当者がエリアの返品予算枠を持って管理しているようだ。出版社によって返品の対応はまったく違っている。そのへんをよーく理解しておかないといけない。

▼**委託期限**……多くの出版社は新刊書籍を取次を通して委託販売するが、書籍を委託する一定期間(3ヶ月や6ヶ月など)のことを指す。通常、この期間内であれば、書店は取次—出版社にいつでも自由に返品することができ、この期間を過ぎて返品するときは出版社の返品了解が必要になる場合もある。また委託期間中に返品されたものが、新刊配本されたものか、その後に追加で注文されたものかを、業界のどこも個別に把握できていない。【矢野】

▼出版社了解……返品了解（書）。出版社が書店に対し「当該書籍を返品してもよい」という了解を出すこと、またその旨を記した紙。新刊委託以外の注文品も含めフリー入帳の出版社も多いが、多くの出版社は「注文品は本来買切りであって勝手な返品はお断り」という姿勢を崩していない。ただ、それでは書店に置いてもらえないので、担当者が了解すれば返品してもよいという社もまた多い。出版社の担当者と意思疎通が密であれば一々断らなくても名前を書けばOKということも多い。取次返品現場ではそれぞれの出版社の返品対応が必ずしも把握できていないため、フリー入帳の出版社のものが逆送されるなどの混乱も生じている。【大江】

役に立つ物流講座「返品処理」編・1

▼2003年7月

「逆送」編はなかなかの評判であった。「本当に役に立ちます」という感想もいただいた。で、調子に乗ってさらに返品について書こうと思う。なぜ「逆送」とか「返品処理」とかネガティヴなテーマばかり選ぶのかというと、ほとんどの出版社が触れたがらないテーマだからだ。返品が発生するのは本という商品を販売するうえで必然である。余談だが私は買い切りという販売方法は、やるのは勝手だが売れなくて当然だと思っている。返品問題をタブー視するのは健全な出版社のとるべき態度ではない。返品処理のノウハウは出版物流の基本だし、実はすごく面白い。恐ろしく原始的な作業と先進的な情報処理が渾然となったジャンルなのだ。

受け取った返品は結束がほぼアイテムごとになっているが、まずそれらを荒仕分けする。そのうえでバーコードをスキャニングして数を入力。小社の自慢は実はここにある。倉庫にはアンテナが装備してあり、入力したデータはすぐにサーバーに送信される。つまり納品された返品はすぐに何が何冊あったかを認識できるわけだ。もっとビックリしてもらいたいのは、この無線LANを利用した自動廃棄システム。わかりやすくいうと、数ヶ月以上前に出た本で明らかに失敗した商品、販売予測から必要な在庫限度を超える返品はスキャニングと同時に「廃棄!」の指示がサーバーからHTに送信されてくるのだ。ここで廃棄できればその後の作業を削減できるし、なにより倉庫は限界までぎりぎりに有効な商品をストックしなければならないので、棄てるとわかっている商品を半年、一年と置いておく余裕はない。

在庫情報が正確でリアルタイムであるという前提は出版社の仕事を大きく変える。改装指示や重版発注をすばやく正確にできるからだ。以前は重版発注のたびに実在庫を確認しなければならなかったし、事実、ドッサリ返品があるのに重版を発注してしまう失敗も少なからずあったのだ。注文のある商品を品切れにするのは間違いなく販売機会の損失だ。品切れを回避するためには極小ロットの返品改装を不効率を承知でしなければならない。「より多く販売する」という大命題は返品を上手に利用することでもあるのだ。

役に立つ物流講座「返品処理」編・2

▼2003年8月

今回は返品改装、いわゆる直し本について。在庫管理技術はコンピュータシステムとバーコードの普及により10年前と比べて格段に向上したが、返品改装についてはこれといった技術革新がない。10年前はおろか30年前とほとんど同じことをやっている。いわゆる「直し本3点セット」といわれる消しゴム・紙やすり・ウエスでゴシゴシ、というやつだ。変わったといえば、並製本の研磨機が三方研磨でオートマティックになったこと、作業場にエアコンが持ち込まれたことくらいのものである。小ロットの商品を扱う宿命だろうが、機械化するにはショボイ数だし、それでいて作業工程が多すぎるのだ。大手の文庫出版社ではトライオートという機械がある。スリップ・チラシの挿入からカバーかけまで流れ作業で片付けてしまえる優れものだ。これはようするに製本所で使っている機械だと思っていい。1アイテムごとにセットアップする手間が大きく、何千部も改装するにはいいが100部単位ではお話にならない。そしてなにより高価だ。

並製本の研磨作業を除けば、返品改装は基本的にパートさんの手作業に尽きる。ハードカバーはまだしも、フニャフニャの並製本のカバーかけは難しい。シュッシュッと流れるような手捌きは美しい。スリップの挿入は、若いころ私の苦手というより嫌いな仕事だった。しかし、改装を終えた本の梱包は結構気持ちのいい仕事。熟練するほど硬くピンと梱包できる。できあがった梱包をパレットに整然と積み上げながらゴム印を押す。たぶんこの仕事は10年たっても変わらずに同じことをやっているに違いない。

ところで、昔は返品の山から綺麗な返品を抜き取ってよく使った。ちょっと汚れた本をごしごし拭いて出荷したこともある。付き物（カバーなど）の在庫管理まで手が回らなかったのだ。だから返品が１００冊くらいあってもカバーがないので断裁！　なんてことさえあった。付き物の在庫管理ができるようになって捨てる本が減り、ロングセラーの品切れもなくなった。なぜこんな細かい管理をするのかとこぼす者もいた。しかし業界裏方マニアとしてはこのへんが一番自慢したいところなのである。

▼**ハードカバー（上製本）／並製本**……本の表・背・裏の三方を芯ボールをくるんだ表紙によって表装したものを上製本（ハードカバー）、１枚の厚紙を表紙にしたものを並製本（ソフトカバー）と呼ぶ。上製本は厚い本も開きやすく、堅牢だが製造コストが高い。【須田】
▼**改装**……返品された本の汚れを落とし、付き物を付け直す一連の作業。本の形態によって作業工程も異なる。【塚田】

役に立つ物流講座「返品処理」編・3

▼**2003年9月**

返品改装は1アイテムで、ある程度のロットがあったほうが効率がよい。基本的に手作業だから少なくても同じようだが３００以上はあったほうがスムースだ。スリップやカバーを用意したり、カバーの一方を折る作業も小ロットでは手間取ってしまう。なによりカバーを剝がすところから始まる一連の作業は複数のスタッフの流れ作業だ。小ロットでは良いリズムができあがるころに終了してしまう。５００冊前後あると、うっすらと汗をかくくらいに集中できて妙にキモチがいい。50冊だとか１００冊の改装はどうにもスッキリしないのだ。

ところが改装指示のほうは品切れをできるだけ生じさせたくないので、新刊返品を小ロットで指示しがちである。これは作業効率が落ちてもある程度我慢しなければいけない。新刊に勢いがつき始めたころが一番商品のない時だし、書店さんが一番欲しがる時なのだ。新刊に限らずロングセラーでも、重版が出来あがるまで品切れになってもいい時代ではない。最近では書店さんの自動発注が多くなっているので一旦品切れでエラーになるとその商品は店の棚から消えてしまう。だから50冊どころか20冊でも10冊でも改装して繋がなくてはならない。作業効率の良い大ロット改装も一定期間で消化できる数量しか改装しない。作業の無駄だし、美本のラックから在庫がはみ出したりすれば邪魔なだけ。改装指示で難しいのはその日のパートさんの人数を把握し、大至急の改装と大ロットのロングセラーを何点か割り込ませるなどして、無理もなく無駄もないスケジュールに仕上げることだ。

物流は力仕事といったイメージに囚われがちだが、様々なデータを駆使し、商品の回転にいささかのストレスも生じさせない細心さが要求される、そういうデリケートな仕事なのだ。もちろん、パートさんの労働環境のケアや、環境・設備だけでなく楽しく体を動かせる雰囲気作りも大切だ。商品を仕入れた書店さん、本をお買いになったお客様に伝わるのは注文したものが届いたかどうかという結果だけがすべて。しかし出版社の倉庫では毎日大小のロットの返品改装が黙々と繰り返されるのだ。

役に立つ物流講座「受注」編

▼2003年10月

「受注」を「営業」に置くか、それとも「物流」のそばに置くべきなのかは議論の分かれるところだ。一口に「受注」といっても、経路も内容もさまざまだ。すこし整理してみよう。

注文経路による分類

①VAN、②インターネット受注サイト、③ファックス、④電話、⑤注文書（紙）

注文の種類や内容による分類

a書店客注、b書店棚補充、c新規出店出品、d取次倉庫補充、e読者直受注、f販売促進受注、gフェア

まだまだあるかもしれない。またそれぞれの分類もいろいろな種類や傾向があって、微妙に営業に近い受注と、物流の近くで処理したほうがいいものがある。また業界インフラの整備が進み、新しい業態の進出によって経路も内容も変化する。経路でいえば10年前は圧倒的に⑤が多かったし、④の量には悩まされたものだ。内容のほうでは明らかにａ、ｅが減ってきた。アマゾンをはじめとするＷｅｂ書店の躍進が大きく影響しているはずだ。注文は商売の糧であるのと同時に重要な情報だ。

販売データのなかった時代は注文情報がほとんど唯一の販売戦略上の根拠であった。売れ筋の重版を出した後、ダンボールに一杯になった注文短冊を睨んで発注ミスを悔やんだこともあった。その注文短冊は届くまですでに数日を要しているのだ。電話受注が営業の主要な業務であったのは当時としては当然のことだったのだ。現在小社では通常の電話受注を含む注文処理をいっさいサービスセンターでおこなっている。サービスセンターのスタッフの商品知識は若い営業部員より豊富かもしれない。なにしろ本に触れ、お客様の質問や苦情にお答えし、毎日の注文処理を迅速にこなしているのだから。しかしこのスタッフが書店経営や商品展開のご相談にのれるかといえば、そこまではできない。

出版業界は大小、硬軟さまざまな出版社の存在と、それぞれの有り様を許容するまれにみる業界だ。当然注文の受け方もさまざまである。小社のようにサービスセンターで専任オペレーターが専門業務としておこなう会社もあれば、経営者や営業兼任の編集者が在庫を背に注文を受ける会社もある。そのへんの会社の事情を理解しているか、していないかが発注の巧拙に繋がっていくような気がする。

▼**注文（客注・補充・取次倉庫補充など）**……出版社、取次、書店間の取引条件のひとつ。返品不可が建前だが、有名無実化している。その種類で代表的なものは客注と補充注文に大別される。客注は、お客がおもに書店で注文した「お客さんの注文」の略。例外を除き返品はない。補充注文は、販売された書籍を補充することと、売れると「見込んで」補充するための注文。返品発生の可能性が高い。【塚田】

役に立つ物流講座

▼2003年11月

書籍返品の取次協業化がいよいよ実現する運びとなった。これが本格稼動すると書店の返品作業は無伝返品となるので作業の軽減とスピードアップにつながる。しかし、書店が得られる利益よりも取次と出版社にとっての影響のほうがはるかに大きいのではないか。すくなくとも筑摩書房はこの事業が稼動すれば、それと連動していくつか自社物流システムを改善できると思っている。

前にも書いたが、「返品」というとネガティヴなイメージが先行するので、「画期的な返品協業システム」といってもいまひとつ盛り上がりにかけてしまうのかもしれない。

しかし、パレットや箱のサイズでさえ統一されてない業界であることを思えば、やはりこれは大変なことなのである。このシステムでまず褒めたいのは取次自身が得られるメリットが明快であること。単なるサービスではなく、これをすることによって返品の取次内滞留が解消されるのでキャッシュフローが改善される。参加した取次にとって、大規模な取次は作業の迅速化と合理化となり、小規模の取次はこれまで出版社への返品が運賃に見合う量になるまで滞留させるしかなかったのが他社の返品といっしょに出版社にわたせるのだから、相対的な価値はもっと高いかもしれない。

出版社の受け取り方はさまざまだろうが筑摩書房は大歓迎である。理由をいくつかあげてみる。①返品が早くなる②返品の中身がデータでもらえる③取引の小さな取次の返品が滞留しない④書店個別の返品データも検証できる。などなど、やはりこれは掛け声だけではないSCMなのだ。

書店から見れば、返品が早くなって喜ぶ出版社が奇妙に見えるかもしれない。書店の即返品は迷惑だが、それ以上に困っているのは、書店がすでに返品しているのに取次に滞留したまま商品が出版社に戻ってこないことだ。またそれが常態となってしまっていることだ。早く返せることと早く受け取ることは双方に利益をもたらす。単純なことなのだが、取次にとっては勇気ある決断だ。経営者と長年実現に向けて努力を重ねてきた開発スタッフに敬意を表したい。「出版共同流通」に参加する取次は日販、大阪屋、栗田、太洋社、日教販である。雑誌の本格稼動はすでに始まっており、もうまもなく文庫が、来年の今頃には一般書籍も始まるスケジュールだ。

▼**出版共同流通（書籍返品の取次協業化）**……取次会社の日本出版販売、大阪屋、栗田出版販売、太洋社、日教販が2002年に共同出資で設立した返品処理を行う協業会社。各社の返品業務を機械化・省力化するとともに、書店が伝票を付けずに返品する無伝返品を実現した。その後、返品にとどまらない協業をめざしている。【星野】
▼**無伝返品**……取次が返品の受け入れ窓口でバーコードから単品データを読み取ることで、書店が返品伝票を付けずに返品できるシステム。書店の作業が省力化される。【星野】
▼**パレット／箱**……パレットはフォークリフトなどのツメを差し込めるようにした、すのこ状の荷台。この上に本を載せて運搬するが、出版業界ではパレットの規格が統一されておらず、作業効率を著しく悪くしている。箱は本を入れる段ボール箱またはバケットと呼ばれるプラスチック製の箱。これらは規格品があるが取次別にバラバラ。近年、返品については出版共同流通の発足、トーハンSCMセンターによりそれぞれ統一規格の折コンによる返品が実現しつつある。【塚田】
▼**SCM**……（Supply Chain Management）。商品流通を適正に管理すること。コンピュータやネットワークを使ったシステムをさすこともある。【沢辺】

役に立つ物流講座は今回でおしまい

▼2003年12月

あまり役に立たなかったかもしれないが物流講座は今回でおしまい。私が筑摩書房に入社したのは27年前になるが、配属は管理部（現サービスセンター）であった。思い出すたびに吹き出してしまうが、恐ろしくボロボロの倉庫だった。ボロっちいだけではなく汚かった。台風が来ると、ボロ布を担いで壁をよじ登り、雨が吹き込む隙間にねじ込んだ。夏は気温が50度を超えた。汗でびしょ濡れになったうえに埃が付着し、朝からたちまち無残な姿となった。そんな環境でシャワーもなかった。トイレは汲み取り式で鼻が曲がるくらいの悪臭が漂った。冬は悲しいくらいに寒かった。力仕事が多いので厚着をすると風邪をひく。ピッキングが遅くなるので手袋はしなかった。裸の手はひび割れるし、直し本作業ではアート紙が容赦なく皮膚を裂く。フォークリフトはあったが在庫は野積みで手渡しが基本。瓦職人のように2階まで10冊梱包を大量に放り上げたものだ。当時の大宮市櫛引町は工場などの施設のほかは街を潤すものがなにもなく、残業の空腹を慰めるのは延びた出前のラーメンだけだった（悔しいけど旨かった）。そして給料だけは高かった。

物流システムが出版経営に貢献するなどとは、だれも本気に考えてはいなかったのだ。一度だけ編集部の先輩社員と新宿の出版業界クラブに同伴したことがある。私だけジーパン姿で浮いていた。高校生のころ本を読んだことのある作家が綺麗な女に囲まれて上品に酒を飲んでいた。小説は地を這うようなテーマだったけど……。先輩が真っ赤な顔をして「君も将来は編集に上げてやるから今は我慢しろよ」などとほざいた。「俺のガマンは仕事ではなくてオマエだ」と思ったがもちろん黙っていた。そしてこの会社は本当に潰れるかもしれないとも思った。２００人を超える高給取りを抱え、高級酒を浴びるように飲み、仕事としての物流を賎視し、だれひとりその仕事を買って出ず、唯一の金のなる木を野晒し同然のまま放置していたのだから。

入社して2年後に筑摩書房は倒産した。四半世紀が経過して社員の給料は業界水準がやっとだが倉庫に昔の面影はない。新入社員には倉庫の無残な返品の山を見せるべきだという人がいるが、それは間違い。機能している倉庫はキリリと美しいものだ。見せしめや戒めの対象となる倉庫ならばその会社は業務全体を見直したほうがいい。

「売れる」コトだけが書店人の喜びではない

▼2004年1月

芳林堂書店が12月に池袋本店を閉店した。これまでも大型書店の閉店はあったが、この店の閉店の衝撃ははかりしれない。並みの本屋ではない。戦後の硬派書店の象徴的存在であり続け、先端の文学・思想と正面から向き合い、書店界のみならず出版社をも啓発し続けてきた。首都圏にはさまざまなニューウェーブ大型書店が台頭し、池袋地区はまさに激烈な競争に晒されてきた。数々のスター書店人が登場したのもこの激戦区からだ。巨大書店としてはさすがに見劣りするようになったが、芳林堂書店池袋本店の存在感は揺らがずその軸がぶれることはなかった。それほどに強い同時代性を感じさせ続けた店であった。

　オーナーの文人気取りでできあがった店ではない。オーナーと社員が一丸となって経営と店作りに励んで作り上げた店だ。幾度となく改装、リニューアルもした。けっして経営が逼迫するのを座して見ていたわけではないのである。本店閉店の裏にはさまざまな理由があるのだろう。あえて詮索すまい。虎の子の資産を処分せざるをえなかったオーナーと社員の痛みが伝わってくる。私が青二才だった頃一緒に生意気を言い合った友人たちの顔が浮かぶ。出版社にも言えることだが、「売れる」ことだけが書店人の喜びではない。「本」の個性を読み、仕掛けることでお客様との無言の対話を成り立たせ、棚に文脈を作りあげる。その不断の工夫と努力が売り上げに繋がった時が一番の醍醐味なのだ。私のなかの芳林堂書店はそれを目指し続けた書店だ。

　芳林堂書店の店作りが敗北したわけではない。池袋西口の地下道工事が進む頃、親しい社員に「地下から直接入るようにはできないのか」と言ったら「とんでもない費用がかかっちゃってさ。どうもそれは断念したらしい」と本当に悔しそうにしていたものだ。「技」だけではあまりにも激しい商圏の変動に対応しきれなかったのだ。新しく本店となる高田馬場店も本店に相応しい歴史のある堂々たる大型店だ。この店を中心に芳林堂書店の技と心意気をずっとずっと継承していただきたい。

　「営業部通信」は書店の固有名詞を書かないという密かな決め事があったが、あえてこの新年号でその禁を破ることにした。頑張れ！　芳林堂書店。

BON参加のスタートラインに立った

▼2004年2月

Book-Order.Net（BON）には早くから参加を表明していながらなかなかスタートラインに立てずにいたが、12月5日夕刻より遅まきながら立ち上げることができた。BONは書店さん専用の共用注文サイトだが、「共用」というところがミソだ。書店さんはBONのサイトに入れば、そこに参加している出版社の商品を在庫確認したうえで発注することができる。注文がいつ取次搬入になったかも確認できる。現在加盟出版社は15社で、書店さんは一度のアクセスで15社へ発注できる。電話で確認しながら発注するのに比べ簡単で、比較にならないほど安い。北海道・九州の書店さんの利用率が高いのも当然だ。

スタート前夜、初日は何店舗のアクセスがあるか社内で話題になった。最初だから知らない書店さんが多いので10店舗くらいではないかと私は思っていた。ところが夕刻からのスタートにもかかわらず33店の書店さんから133冊の注文をいただいた。「共用」の威力はすごいと思った。その後も順調に増え続け、毎日200件以上600冊平均、多い日は2千冊を超えた注文が来る。小社の毎日の出庫数が1万2千冊程度だからいかに予想を超えているかがおわかりだろう。

注文内容も予想に反していた。客注の比率が高いはずと思っていたのだが、それは全体の1割ほどで、売行き良好書の注文が圧倒的だ。書店さんにしてみれば週末も含めて自分の都合の良い時刻に15社との中身のある商談ができるようになったわけだ。出版社各社のトップページを見ると営業情報が満載で、注文書はもとよりカラーポップのダウンロードサービスなど至れり尽くせりなのだ。小社も負けずに対応しなければならない。

首都圏、地方を問わず大手チェーンの何社かはBON利用を推奨しているようだが、客注が多いはずの外商店のアクセスが少ない。外商シェアの高い書店さんのオーナーにお聞きしたところ、専門書版元の参加がほとんどないのが原因だそうだ。BONで注文してもさして効率アップ、コストダウンに繋がらないのだ。硬いジャンルの出版社の参加に期待したい。BONサイトのアドレスも紹介しておく。書店さんならば、かならずお役に立つはず。冷やかしでもいいので覗いてみてほしい。

(http://www.book-order.net/)

ISBNはユニークコードのはずだったのに

▼2004年3月

ISBNコードは絶対ユニークの信頼のおけるコードである……と思っていた。不勉強だった。弁解すると、私が勘違いしていたようにユニーク（唯一のものであるということ）

であるという「神話」は出版業界のみならず図書館や一般読者にも広く浸透している。そもそもISBNコードをあれだけ大騒ぎしてつけたのは、一冊の本を文化・流通両面にわたって確実に「特定」するために、地球規模大標準のISBNコードに従おう、そういうことではなかったのか。

そういう目的で定められた国際ルールなのだが、厳密にいうと法的な「ルール」ではない。ISBNコードのうち、国コード（日本は4）と会社コード（筑摩書房は480）は図書コード管理センターに登録してある。しかしそのあとの商品コードにあたる数字は各社が自由に付番しているにすぎない。出版社各社で決められ一点一点の本に印刷されたISBNコードを認定し、登録される公的な「機関」は存在しないのである。出版社は重複したり、印刷ミスをすると困るので、それぞれの会社で努力をしてまちがいのないように管理している。さらに取次や書店はそれがユニークで正しいという前提で取引をしているのだ。しかし現実には同じコードで複数の本があったり、あるいは同じ本なのにいくつものコードを持っていたり、ないはずの会社のコードのついた本があったりで、そうとうにヤバイ状態らしいのである。知らずに間違えることもあるだろう。しかしなかには売れ残った大量の返品を、カバーをかけ直し、驚くべきことに新しいコードを付番し、つまり「新刊」として送り出すというインチキを「得意技」としている会社もあるという。もっと面白い話もある。コードの最終桁は言わずと知れたチェックデジットだ。本体のコードが確定すると、計算式により自動的にこのチェックデジットは決まる。コードの印刷ミスや読み取りミスを防止するための数字だ。それとは知らず、この数字を自社の都合で「1は児童書、2は文芸書」とか「3はA倉庫管理で、4はB倉庫」などと意味づけをしちゃっている出版社まであるという。もちろんこれではISBNコードを書店のPOSレジでは読み取れない。

意外なことに諸外国でもこれは同様で、掟破りや信じがたいミスが横行しているそうだ。在庫情報を正確にとか、注文を迅速にとかの業界課題は山積しているが、そもそもISBNコードをまともなものに作り上げていくことを真剣に、しかも真っ先にやらなければいけないんじゃないだろうか。

▼ISBN……国際標準図書番号（International Standard Book Number）。1967年にイギリスで開発されたSBNを原型とした世界標準の図書コードで70年にはISO規格として承認された。国記号─出版者記号─書名記号─チェック数字の10桁で世界中の全ての書籍が特定される。日本では1981年から実施されたが、ISBNに旧来の書籍コードにあった分類コードと価格を付加して「日本図書コード」とし、「日本出版インフラセンター日本図書コード管理センター」が管理・運営している。2007年より13桁化された。【大江】

▼チェックデジット……検査数字（check digit）。ISBNの最終桁1桁（978─4─○○○○─○○○○─●の●の個所）のこと。本文はISBNが10桁当時のことだが、13桁である現在でも最終桁をチェックデジットとして扱っていることに変わりはない。最終桁1桁は、それ以外の9桁、ないしは12桁の数字を独自の計算式にあてはめて算出する。本文中にあるように、「コードの印刷ミスや読み取りミスを防止する」ことを目的にしている。チェックデジットはISBN以外に金融機関の口座番号などにも利用されている。【矢野】

出版業界商品マスタを構想する

▼2004年4月

先月はＩＳＢＮコードについて触れた。今月は書誌データベース（ＤＢ）の話。書誌ＤＢとは過去出版されたすべての本の電子化された台帳と考えればいい。ＩＳＢＮコードが普及していながら、出版業界にはこれが最大で正確な書誌ＤＢだ！というものがない。現存する書誌ＤＢでは、日販・トーハンをはじめとする取次ＤＢ、ＴＲＣや大阪屋など図書館対象の販売会社のＤＢ、書協ＤＢ、日外ＤＢ、国会図書館ＤＢなど驚くほどたくさんある。これだけたくさんの書誌ＤＢがそれぞれ莫大な人件費をかけて作られ、これからも作り続けてゆくのだ。それぞれ作られた目的が違うので、どれかひとつに統一するのは無理なようだ。しかしこれだけたくさんある書誌ＤＢが、どれも完璧なものにはなりえないというのが書誌ＤＢ構築のつらいところかもしれない。

それにしても出版業界で、物流・商流において信頼できる書誌ＤＢが作れないものだろうか。業界で統一された書誌ＤＢが作れない理由はいろいろあるが、先月書いたように発番されたＩＳＢＮコードを管理するところがないというのが大きな問題としてある。自費出版の書籍にもＩＳＢＮコードを付番するのが大流行していることも、正体不明書籍を拡大している原因かもしれない。またなにより信頼性を損なう大きな原因は、どこの出版社も長期間品切れの本を絶版宣言しないことにある。図書館の書誌ＤＢはそれでいいのだが、書籍流通用DBはこれを除きたいのである。なにしろ書誌DBのなかで膨大な数の「死体」が埋葬されないまま横たわっているのだから。

出版社が絶版を宣言しない理由は簡単だ。宣言が出版権の放棄と受け取られかねないし、売る努力を放棄したことを著者に知られたくないこともある。チャンスがあれば復刊したいという思いもあるだろう。「昔のことはよくわからないからね……」なんていうのも冗談抜きにあるそうだ。筑摩書房も「品切れ重版未定」は在庫情報上明らかにしているが、「絶版」は公表していない。これからもできないし、するつもりもない。

どうやら事実上絶版の書籍を活動中の商品から除外する作業は、出版社自身の申告制ではなりたたないと考えたほうがよさそうである。たとえばすべての取次で過去2年間1冊の取引もなかった本をデータ上取り出して、「取引実績なし」というフラッグをたててしまう、というのはいい作戦じゃないだろうか。出版業界で使う書誌DBは名称を「出版業界商品マスタ」とでもして、図書館や学界で使うものとは一線を画すべきなのだ。

▼**書協DB**……日本書籍出版協会が運営・管理する書誌データベース。1977年から刊行を開始した「日本書籍総目録」から出発したもので、出版社が自らデータを登録し、毎年品切れ・定価改定などを出版社自身がメンテナンスしてきたこともあり、流通し入手可能な書籍のデータベースとしては最も信頼できるものと言える。冊子体の総目録は2002年に刊行を中止し、DBはBooks.or.jpとしてインターネット上の検索サイトとして生かされている。【大江】

▼日外DB……日外アソシエーツ・紀伊國屋書店・トーハン・日販の4社により作成・販売されている「Book Page」データベース。帯の内容・目次などを含むデータとして多くのネット書店などに利用されている。【大江】

▼絶版宣言しない……絶版とは、著作権者との間に交わした契約により出版者に設定された出版権を放棄することと考えられている。そのため、絶版とされた書籍の著作権者が他の出版者と新たに契約を交わし出版を行うことは不可能ではないはずだが、そうした問題を避けるため、出版者側が絶版とせず「品切」「品切重版未定」とする例も多い。【高島】

40年目の最終回配本

▼2004年5月

『世界古典文学全集』（全50巻・54冊）の最終回配本第17巻「老子・荘子」が5月に刊行され、漸く完結となる。1964年の刊行開始以来じつに40年後のエンディングだ。その当時在社していた社員はみな退職している。筆者は担当編集者（彼も何代目かの、しかも最終回配本のみの担当）を励まし、あるいは督促してきたのだが、「完結」を知らされても営業スタッフの反応は「な、なんですかそれ?」。前回の配本からでさえ15年経ち、既刊分も品切れになってすでに久しい。ようするに本の実物すら見たことがないのだ。

断じて自慢するわけではないが小社で刊行遅延は珍しいものではない。因みに『明治文学全集』は24年、『筑摩世界文学大系』は27年要している。個人全集も加えればもっとあるのだが、さすがにこの『世界古典文学全集』が息の長さではダントツの1位だろう。たいしたもんである（やっぱり自慢しているか？）。読者の反応もさまざまだ。「生きているうちに出してくれましたか」というジーンとくるお電話をいただくこともある。もちろんお亡くなりになった方も多いはず。そもそも取次や書店に定期台帳が残っていない。廃業した書店もあるし、取次だって何社かなくなっている。そうだ、そもそも筑摩書房だって、一度経営危機に陥ったことがあった。だから最終回の配本はまったく自信がない。

完結したからといっても呑気にはしていられない。「頑張ってよく出した」とおっしゃっていただけることもあるが、破損・欠本補充の要請は強い。刊行遅延のオトシマエはつけなければならぬ。密かに都内の公共図書館を調べたら、すべての図書館で既刊に欠本があり、欠本のほうが多いこともある。これから半年間欠本補充の予約を受ける。納品は来年の1月だが、40年間のオトシマエだから一年近くの地味な営業活動は避けられない。開館して15年未満の図書館は絶対に蔵書はない。どこで聞きつけてこられたかわからぬが、すでに数セットの予約も頂いている。公共図書館と大学・高校図書館には連休明けにDMをする。図書館にお出入りの書店さんはぜひ司書さんにご案内ください。セットは350セット。欠本補充の予約締め切りは今年の9月末。来年になってのご要望にはお応えできかねます。

教科書出張で救われること

▼2004年6月

毎年言っていることだが、連休明けとなると小社営業部は検定教科書の促進出張モード一色になる。5月10日を皮切に6月一杯ほとんどベタでまわる。事情のわかる留守部隊はいるが、書店さんの通常の注文や確認のお電話はできるだけサービスセンターにお願いします。

新人の窪は、連休の間荷物の点検ばかりしていたという。パンツやソックスを何度出し入れしたところで意味もないのだが、なにしろ生まれて初めての長期出張だ。緊張するのも無理もない。教科書出張を控えると、新人にかぎらず大ベテランでさえ落ち着かない。日頃親しくしている書店さんへの営業と違い、お会いする先生のほとんどが初対面で、一年後に再開しても覚えていてくださることは稀である。なによりも前提が違う。書店さんとはお互いに商品をたくさん売って儲けよう、つまりビジネスという共有のベースがあるが、先生がわれわれと向き合うのはビジネスではない。忙しい時間に訪問し、邪険にされたり、視線さえあわせてくださらないことも毎日かならずある。

教科書出張も二日目、三日目くらいになるとだんだんポジティヴになれる。一日に5校ほどの訪問だが、何人かの熱心な先生に出会えるからだ。質問、お叱り、お願いなどなんであれ、手ごたえを感じれば、心底救われた気持ちになるものだ。ペースがつかめてくると、いったん自宅に帰って休息するより、ずっとこのままわり続けてしまいたい気分になる。日常の生活に戻り、再度教科書出張モードに切り替えるのが煩わしくなってくるのだ。もちろん健康の問題もあるし、洗濯物もたまるし、ぶっ続けというわけにはいかない。一週間ほど会社に出て、山のようになった書類を処理しながら（こういう時に限って新規出店の出庫要請が何通もある）、せわしなくつぎの戦闘モードにスイッチを入れてゆくのだ。

7月になったら通常の営業に戻る。秋にはちくま新書の創刊10周年、『世界古典文学全集』の完結記念セール、来年春の新企画のご相談と、販売スケジュールはギッシリだ。全員しばらくご無沙汰しますが、夏までどうか忘れずにいてやってください。

新人営業の恐ろしい告白

▼2004年7月

毎年このシーズンの通信が教科書ネタになってしまうのをお許しいただきたい。なにしろスタッフがみーんな出払ってしまうので情報量が狭まってしまうのだ。今年の検定教科書促進は勝負の年というわけでもなく、いわば谷間なのだが、ちょっとした緊張感に包まれている。というのは、今年入社したばかりの新人、河内、窪の2名が参加しているからだ。まだ首都圏の書店さんを廻り始めたばかりで、出張経験が一度もない。「パンツは何枚持っていけばいいんでしょう？」なんていうところから始めるわけだからプレッシャーもあるだろう。最初の数日だけ先輩社員に同行して現場教育をしてもらうのだが、あとは全部一人でこなさなければならない。営業スキルもなにもあったものではなく、とにかくがむしゃらに走りぬくしかない。

営業力が未熟なのは周囲も本人もよくわかっている。問題は運転である。ふたりとも未熟だがとくに河内がヒドイ。入社時の面談では「運転？　大丈夫です。学生時代、地元福岡ではマニュアルで走ってました」などと胸を張っていたものだった。入社試験で自己アピールが多少行き過ぎてもしかたがない。しかしそれだけでは終わらない。「あの、じつはぼく方向音痴なんです。それもちょっとフツーじゃないんです。へへ」なにが「へへ」だ。告白するが、私自身が社内で誰もが知る方向音痴なので「ま、今は昔と違ってナビがあるから大丈夫だよ」などと鷹揚さを装ってみた。「実は……」「なんだ、まだあんのか？」「乗り物酔いするんス」「はぁ？」「飛行機はもちろん、バスも乗用車もゲロゲロなんス。あ、新幹線は大丈夫、トイレがありますから」「し、しかしおまえ、まさか自分で運転して乗り物酔いはしないだろ」「それが時々……」

恐ろしい告白である。以来、近隣を同乗指導し、方向音痴対策（頼りないなぁ）を伝授し、乗り物酔い対策の自己暗示法を施し、なんとか出発した。おそろしく手のかかるやつである。その河内からの報告が電話やメールで入ってくるようになった。「山道で迷ってしまいました」。そりゃ大変だ、方向音痴なんだから。「焦っていたので坂道発進のとき、擦ってしまいました。ホイールキャップだけッスよ」。そうかい、まだあるんじゃねえのか？「それから、イノシシが横切りました。おれらってそんなとこで営業してンスね」。そうだけど先生にそんなこと言うんじゃねえぞ。

その河内からまた電話相談が舞い込んだ。「高速道路のサービスエリアでジュースを飲もうとしたんスけど、ナビが目的地に到着しましたって言うんスよ。馬鹿ッスよねこのナビ」。うーん、いい勝負だぞ、おまえと。

方向音痴のつわものたち

▼2004年8月

先月号は新人河内秀憲の爆笑ネタで予想以上に受けてしまった。やつの前職の会社では「新刊どすこい」がキャーキャーいって回覧されたそうだ。有名になれてよかったな、河内。ま、ようするに過度の方向音痴なのである。罪滅ぼしに告白すると、わたしもただならぬレベルの方向音痴だ。入社したての頃、丸善の役員さん数人を上司（現菊池社長）の命令でお迎えにあがり、会社から数分の小料理屋にたどりつけず、40分余りも神田周辺を散歩させてしまったことがある。かの養老孟司先生もあの大きくご立派な頭脳をお持ちになりながら、タクシーまかせでなければ未知の目的地には決してたどり着けない正真正銘の方向音痴なのだ。だからな、河内、気にすんな。

人間にはさまざまな能力や資質があり、すこしでも他人より劣っていると劣等感を引きずり、あきらかに劣れば口に出すのも憚られるのだが、方向音痴は違う。方向感覚良好な健常者に対して敬意を払うことは決してないし、それが原因で人様にご迷惑をおかけしても「しょうがないじゃん」などといささかも悪びれない。困ったものだ。ところで小社には方向音痴が伝統的に多い。倒産直後の代表取締役中島岑夫氏（故人）、思想ではだれも太刀打ちできなかった井崎正敏前専務、このお二人の方向音痴ぶりには風格があった。

ついでだから、現役の方向音痴をずらりと並べてしまおう。まず経理課の藤井若菜彦、販売課の羽賀和美、こいつらはいまだにひとりで自社倉庫にたどり着けない。将来性はあるがまだ駆け出しである。つぎに宣伝課次長の藤本路子、何度もなーんども電通さんにご迷惑をおかけしている、本物である。それからちくま学芸文庫の編集長渡辺英明。いつも博覧強記ぶりに煙に巻かれるが、街中に放り出せばシュンとしてしまう。横綱は名編集者中川美智子。絶対にまっすぐ目的地に着けないので、いつも1時間前に到着する時刻にでかける。社用で訪問した平凡社の社屋で迷子になり、大騒ぎしたこともある。方向音痴なのに道に迷った人をみかけると「どこをお探しですか」などと困った親切心を発揮してしまう。

ああ、字数制限で全員書けない。しかし、しかし河内！　都立府中高校に行こうとして府中刑務所に乗り込み、取り調べをうけてしまった、などというオマエほどの大物はいない！　おれが悪かった、許せ河内。

新入社員たちをよろしく

▼2004年9月

歳をとると新入社員への向かい方が変わってくる。少し前までは一日中、あっちこっちに引っ張り回していた。怒鳴り倒したり、励ましたり、慰めたり、暑苦しい接し方だった。迷惑だったろうな、ごめんね。最近はほどほどの距離を置いて、冷かしたり笑い飛ばしたりすることのほうが面白く、年寄りぶりがなんとなく板についてきたようだ。窪拓哉と河内秀憲は同い年の同期入社ということもあり、仲もいいのだが、そこそこのライバル意識もあるらしく、観察していてじつに楽しい。

「田中さん、河内君がなんだか羨ましくて」

「ん？」

「書店さんに行くと、筑摩さんの新人さんて、あの方向音痴の？なんて聞かれるんですよ。いや、それはぼくじゃなくて河内っていうんです、なんて説明しちゃったりして。

いいですよね、才能だけで有名になれて。ぼくにはそんな芸はないですし……」

「方向音痴が才能か？　府中高校と府中刑務所を間違えちゃうのが芸かよ？　おまえ河内が怒るぞ、好きでああなったんじゃねえんだから」

「そんなこと言ったって『新刊どすこい』に書いたのは田中さんじゃないですか。うけまくっていますよ」

入社間もない頃、窪は「入社できて嬉しいです。命懸けで働きます」と感激していた。今でも「ぼく命懸けですから」のフレーズがオットリした表情から零れ落ちることがある。よしよし、窪、スウィング音は素晴らしいぞ。そのうちジャストミートすることもあるよな。期待してるぜ。

窪・河内ネタで引っ張っていたら、思いもかけない新人が入社した。前職のキャリアでご存知の書店さんも多いはず。三澤宏幸（42歳）、遠からず営業部のどこかに配属となるが、現在サービスセンターでピッキング、返品仕分け、改装など真夏の倉庫作業に明け暮れている。短期間に商品知識を詰め込むにはこれが一番と、本人の希望を取り入れた結果でもある。現場作業で走り回っているので電話は困るけど、「えっ！　あの三澤さんが！」と気がつかれた書店さん、お話ししたい方はメールでも送ってやってください。

もうひとり営業部新人、三須瑞樹（28歳、男）。この「新刊どすこい」がお手元に届く頃には入社しているはず。もちろん三澤より若いが、窪・河内よりはお兄さん。やはりサービスセンターからのスタートとなる。

新書10周年とプリマー新書の創刊

▼2004年10月

ちくま新書が創刊10周年を迎え、刊行点数も500点を超えた。書店さんにしてみれば「ま、それは出版社の問題だし、10周年記念といってもねえ……」ということだろう。たしかに30年も50年も続いている新書もあるし、読者や書店にとってそれほどインパクトのあるイヴェントではないかもしれない。しかし、出版社にとってはどえらく重要なのだ。ひとつのエンドレスシリーズが10年続くということはメディアとして定着したことの証しだし、経営的にも大きなアドバンテージだ。

「だから、それは出版社にとって重要なんだってば！　書店にとっては失礼ながらどうでもいいことなんだよ。いいたかないけど、体力のないおたくでも新書を成功させたってんで、見てごらん、雨後の筍のようにぞろぞろ新書が創刊されちゃってさ。平台が新書だらけじゃん」なーんてことを書店は言う。……にきまってる。しかし、「なんとなく売れてるみたい」とか、「最近好調だね」とかの「印象」とは違って、「10周年記念」や「創刊500点突破記念」は誰も文句のつけようのない、明白で、揺るぎようのない、堂々たる快挙なんである。一人芝居に少々疲れてきたけど、ようするに「10周年記念」イヴェントのようなものはそもそも「一方的」で、「身勝手」だし、書店に参加を強制するなにがしかの「威圧感」を背景にしているわけだ。おもいっきり開き直ってるなあ。

空威張りの努力（?）が実って、約400店の書店さんがフェアに参加してくださった。ありがたいことだ。感謝、感謝!……で、もうひとつお願いなんだけど、怒るなよ。新年から新しい新書シリーズが始まる。だからあ、怒るなってばあ!

新シリーズはちくまプリマー新書。ご存知、ちくまプリマーブックスのコンセプトを引き継ぎ、新機軸満載の新書判として2005年1月の創刊となる。もちろん子どもも読めるプリマー（最初の大切なこと）な新書だが、新書の読者層にも読み応え充分の内容。装丁はクラフト・エヴィング商會。ちなみに初回ラインナップは橋本治、吉村昭、最相葉月、玄侑宗久、内田樹、重松清（敬称略）の予定。詳しくは「新どす」11・12月号で。書店は「10周年記念」以上に「創刊」に弱いんだよね。ごめん、また口が滑った。

▼**装丁**……本のデザインのこと。装幀と表記したり、ブックデザインなどということもある。装丁者・編集者・制作部がどこまでの職分・権限を分担するかはケース次第だが、カバー・帯・表紙・トビラなどのデザインのほか、本文デザインや、用紙選定、花布やしおり紐なども装丁の範疇にはいる。【須田】

「書店員本音炸裂ぶっちぎり匿名座談会」

▼2004年11月

ちょっとネタが古くなってしまったが、『本の雑誌』8月号の「書店員本音炸裂ぶっちぎり匿名座談会」と銘打った特集「出版社めった斬り!」が面白かった。書店さんが集まって出版社の営業姿勢をバッサバッサと言いたい放題に斬りまくってくれるのだが、居並ぶ大手出版社のなかに小社も加えていただいている。まずこれが嬉しかった。出版社名が見出しになっていて、それぞれ1行コメントがついている。例えば講談社は「日本のスタンダード」、マ、そうかもね。小学館は「ただいまの注目株」、セカチューを始めとして売れ線が多く、売れるとなったらどんどん作って前向きだということらしい。幻冬舎が傑作で「うちの社長が」、なんか読まなくてもわかっちゃう。で、筑摩書房だが「変貌したお嬢さん」だって。??……なるほど、昔は地味でしっかりもののお嬢さんって感じだったのが、売れる味を覚えて普通の出版社みたいに仕掛ける楽しさを知ってしまい、口紅塗るようになってしまった……みたいな感じらしい。う・うまあい!だから書店が好きなんだよな。だけど、その「地味でしっかりもののお嬢さん」に見えたその人はとんでもない浪費家で、自己破産寸前までいったことがある。口紅塗ったお嬢さんはそのひとの一人娘なんだけど、毎月わずかずつだが積立貯金をしているしっかりものなんだよね、知らなかっただろう。とにかく売れてきてだんだん派手になってきたお嬢さんのほうが、売れ行きが悪くてヒステリーになったお嬢さんって言われるより格段の評価なわけだし、ここは素直に喜んでおこう。

談話のなかで次のくだりは気になった。

A　データとか持ってきて、どこそこで売れてるから、うちでも置けみたいな。

C　そんなこと言うんですか。

まさか「置け」とは言わないだろうが、「置いてください」という意味の言葉は発しただろう。「お見逃しでしょうが、置けば売れるはずです」くらい言ったかもしれない。データも見せたかもしれない。不思議ではない。でも書店さんの癇に障ったのだとしたら、やっぱ、切り口上だったのだろう。めったに来ない出版営業がいきなりデータを持ち出して「さあ売りなさい」ではカチンとくるに違いない。ごめんね、難しいものだ。

その一方で積極的にデータを要求する書店さんも少なくない。売場と店長とでも求める帳票が違う。「データも持たずに来るなんて、やる気あるの？」と叱られて帰り、残業して帳票を作っている社員を何度もみかけている。どこでも通用する営業マニュアルなんてありはしない。「足を使え！」という古ーいマニュアルだけが有効だったりして。

▼データ持ってきて……銘柄や書店ごとに販売実績を纏めた資料。その書店の得手不得手のジャンルを可視化し商品構成に役立てること、さらなる売りのばしのできる商品を発見することなどが目的。重要なのは、どういった立地や売場、売り方によってその一冊にお客様が手を伸ばしたか、である。【工藤】

出版営業はこの10年で変わったのだ

▼2004年12月

オヤジが若いひとに昔の話をするとろくなことにならない。それ言ったらだめだ！っていうときに限り「昔は……だったんだよ、きみたちにはわからないだろうけどね……」とやって嫌われる。嫌われるにはそれなりのわけがある。言外に「俺たちの時代」の正当性を誇り、「君たちの世代」の無知・不見識を詰《なじ》っているのだから。そのときのオヤジはたいがい歪んだ苦笑を浮かべているのだが、酒でも入っていれば舌打ちしたあげく「バアロオ」となる。嫌われてもしかたがない。しかし近頃、オヤジもそれなりに学習し、不用意にその類の発言をすると「へーっ、そーだったんすかあ。大変だったんすねえ」などとかわされて、もう遊んでもらえなくなると知り、めったに昔のことを話さなくなった。

出版営業はこの10年ですごく変わった。さらに15年、20年前となると「えーっ！」というほどの別世界だ。「変えなければならない」と考えて、推進してきたと自負している世代の私が言うのだから間違いない。変わった結果、多くが良くなったと思ってもいる。しかし、今ある業界の仕組みがなぜこのようになったのか、その動機と切実さがまったく伝わらぬまま、ただただ平板で軽い便利さだけが無表情に存在しているような気がしてならない。

期待の新刊が書店ではたして売れているのかどうかがデータとしてまったくなかった時代、追加注文の多寡で重版をかけていた。だから営業は必死で書店をまわった。売れているかどうかを知りたかった。その結果、書店がどのように陳列してくれれば売れるのかがわかり、書店にどのように話せばいいか、どのようにつきあえばいいかを必死で考えた。データは便利だし、利用の仕方もふんだんにある。しかしどんなに理想的な配本をしても、書店がベストの陳列をしなければなんにもならないし、即返品されたらもっとお笑いだ。

ストアオートメーションが普及し、自動発注もあたりまえになった。その結果、よそより早く売れ筋をぶんどる書店の迫力が薄らいだ。「うちは自動発注ですから」と出版社営業の話を聞かない書店人も増えてきた。やはり業界は病気かもしれない。

来月からむかーしの出版営業に関するエッセーを連載する。仕事にはまったく役に立たないにちがいない。若いひとたちが普段感じている自分の上司との感覚のギャップをすこしでも埋められればと思う。「へーっ、そーだったんすかあ。大変だったんすね」なんて言うなよ。

▼**即返品**……陳列することもなく返品すること。その書店が望まない送品であることが主な理由だが、新刊送品が多すぎるため、選別もせずに自分で発注したものも含め機械的に返品してしまうことも増えている。一旦返して必要なら注文すればよいという考えは業界全体として全くのムダである。【大江】

80年代営業日誌・1

▼2005年1月

管理部から営業部へ異動、さっそく書店の担当をもらった。千葉県と埼玉県、それに北関東3県ということだが、新人が受け持つスタンダードなコースらしい。理由はいくつかあるが、いきなり新宿・池袋・神田などの大ターミナルは新人には荷が重いのだそうだ。

先週、営業研修でS先輩に紀伊國屋新宿店へ同行させてもらった。学生時代は一番利用した書店だが営業で訪問するとこうも印象が違うのかと驚いた。まずお客さんが多い。このひとたちに筑摩の本をたくさん売るのがぼくの仕事なんだ。そう思うとどこから手をつけていいのか皆目わからない。S先輩は小柄な体格を活かしてつぎつぎと店の担当者と商談をこなしている。Sさんがある担当者と話し終わると、棚の影にいたショルダーバッグのひとがサッとそのひとを捕まえた。そうか、眩暈がするほどいるお客さんのなかに忍者のように営業マンが待機しているのだ。なんだかお客さんがみんなやりての営業マンに見えてくる。紀伊國屋もすごかったけど、E先輩と同行した池袋の芳林堂はもっと驚いた。Eさんと店のひととはまるでタメ口で、話の内容もすごい。ぼくの読んだことのない著者の名前や書名が飛び交い、それに関しての批評が相互になりたっているのだ。ぼくにはこんな話はできない。ぼくに営業なんて勤まるのだろうか。

最初に担当地区を聞いたときはちょっと不満だったが、すぐに反省した。というより先輩に教えられるうちにたちまち自信喪失してしまったのだ。それにぼくが知らなかっただけで、千葉県には駅や百貨店に大きな書店があるし、埼玉にも有名な老舗書店がある。さらに北関東にはそれぞれ大きな外商を持った書店があり、そこでは出版社の営業マンなどケシツブみたいなもので、書店に怒鳴り倒されたり、無視されたりは日常茶飯事だというではないか。それに「外商」ってなんだ？　昔、田舎で茶色の大きな箱を括りつけたチャリで、『婦人画報』だとか『文藝春秋』だとかを届けてもらってたアレか？　来月はその北関東に巡回販売に行くことになっている。全集の見本をクルマに積んで、書店と一緒に直接読者にセールスするのだ。新宿も池袋も確かにぼくには荷が重い。しかしそれ以上に北関東は気が重い。倉庫に戻りてえ……。

80年代営業日誌・2

▼2005年2月

昔、出版営業は売上を作るのがその役割のすべてであったといってよい。営業マンの力量とは売り上げた額によって決まる。書店を訪問すれば日報を書く。これは今も昔も変わらぬが、書かれた内容はずいぶん違う。昔の日報には書店ごとの売り上げた商品名と冊数、売上金額の記入が必須で、もちろん一日の総受注数、受注総額の欄が太枠であった。営業マンにとって注文をたくさん出してくれる書店がよい書店で、えらい担当者であった。ＰＯＳもなければパソコンもない時代だ。書店ごとの売上分析も常備店のカードを「正」の字で集計することになっていたが、全国ベスト10くらいがよいところで、ないも同然であった。だから、少々棚が乱雑であろうが、品揃えに疑問があろうが、注文を気前よく出してくれる書店には足繁く訪問した。だから売れ筋商品の欠本をみつけると嬉しかった。5冊、10冊の注文が取れるからだ。平積みの冊数が3冊になっていればこれも嬉しかった。7冊の注文が取れるからだ。棚は出版社別になっているとありがたかった。チェックがラクだから。取次の支店も上客だ、売れ筋は店売用で50冊とか１００冊とかで受注でき、売上も50万円、１００万円にもなってしまう。取次支店で１００冊注文を取って、書店のほうは在庫してある店が1軒だけで、10冊を5店舗で受注、会社に帰ってみたら品切れ重版検討中、みたいなことがよくあるパターンであった。マーケティングもなにもあったものではないが、日報は堂々たるものである。そんな時代の日報……。

○月○○日　Ｆ市

Ｔ係長が担当者を紹介してくださる。親切でよくしゃべる面白い人。「あら筑摩さん。新人さんね。Ｋさんから聞いてたわよ、一人でみえるって。ずいぶん分厚い注文書ねえ、ちょっとみせて。あらら、こんな売れない本まで短冊になってる。たいへんねえ、エッ、ああ在庫あるのね、アハハ、でもこれはちょっと無理よ。ウチは置いてるけどさ。いい本だからね、売れないけど。あ、これとこれは追加出してるよ。重版中？　いつできるの？　重版いくつ？　また700とか800とかいうんでしょう。筑摩さんシブイからなあ。えっ？　広告がだせないから？　こんなふうに書評が効いたとき、ポーンと重版してサンヤツ打てばいけるんだけど。そうよねえ、今、筑摩さん大変だものねえ。あ、これとこれはあそこにあったでしょ？　売れてるわよ。切らさないほうがいいよ、まだ伸びるからさ。あれ、注文出なかったね。いいよね、ちゃんと売ってるもの」

というわけで受注ゼロ。でもいい店だった……と思う。

▼サンヤツ……新聞広告のスペースの一つ。三段組のスペースを左右で八等分したもの。主に新聞の一面の下段に掲載されるもの。【沢辺】

80年代営業日誌・3

▼2005年3月

郊外店が流行りはじめてはいたが、まだまだ出版営業は電車で行けた。駅を降りれば大概の書店はその周辺か、一番の繁華街と決まっている。特に地方の場合、○○市は△

△書店と決まっていて、キヨスクのおばちゃんに△△書店はどこ?とたずねればOKなのである。だから出張も2、3日だと特急コース、1週間で急行コース、2週間だと各駅停車みたいな按配で、わかり易いといえばわかり易い。データもほとんどなく、「とにかく売ってこい」だったからさして考えもせずに電車に乗った。

各駅停車で書店があるのはわかり易くていいのだが、各県の県庁所在地には自他共に認める老舗の大書店があった。官報を扱い、教科書の特約であり、岩波書店の常備店であり、取次の営業が常駐し、広大な外商圏を持ち、町中を書店のロゴ付き車両が走り回り、文字通り本と文化の総元締めなのだ。今ではどこの地方都市も郊外型のマーケットが発達し、そうした老舗書店もチェーン展開し、かつての本店は縮小したり、クローズしたりして当時の面影はなくなりつつある。当時、県を代表する老舗書店はその県の筑摩書房全売上の5割以上を売っていることが多かった。だから新米営業マンはそういう店に行く時はとにかく緊張したものだ。

○月○○日　M市

大きいだけではなく、なんとなく風格のある書店で、重い扉を開けると緊張感がグンと増してきた。雪が降っていたせいもあるが、バス停の列からヒョイと身を滑らせる客も多く、町中が書店に馴染んでいる感じがする。K先輩から念入りに会社事情を聞いてきたので、挨拶の順序を間違えないように、手帳を確認しながら事務所をウロウロしてしまった。専務・店長・外商部長・外商課長AとBさん、店売課長・係長と影の実力者、などなど、混乱しているうちに同じ人に二度も名刺を渡してしまい、笑われてしまった。店売のチェックを終えたころに背後から「筑摩さん」と声を掛けられた。バックヤードを覗くと新潮社のエプロンをつけ、雑誌の梱包と格闘している若い男性が微笑んでいる。すぐにわかったことだが、この人が次期社長といわれているGさんだった。立ち話だったが「市内のよそのお店を営業してから夕方にもう一度来てください。外商のスタッフを紹介しますから」とさばけた様子。Gさんに言われたとおり市内をタップリまわり、夕刻に再訪。地味な企画なのに外商の係長が50も注文をだしてくれた。いいのだろうか。Gさんはそばで終始ニコニコと黙っていたが、夜になると街の居酒屋に連れて行ってくれた。ちょっと緊張し、ちょっと興奮し、ちょっと嬉しい一日だった。

▼**官報**……公布する法令などを掲載した国の日刊機関紙で、財務省印刷局の印刷。企業などが官報に掲載する公告の受付業務も行う「官報販売所」は全国に48軒あり、その多くが各地域の老舗書店でもある。【工藤】

▼**取次の営業が常駐**……取次会社の営業マンが、書店で品出しや発注などの補助作業をおこなっていることがある。帳合変更を防ぐためや、複数帳合店の場合はより多くの受注を得ることを目的とする。つまりは、取次会社にとって相応の便宜を図るべき書店である、ということ。【工藤】

80年代営業日誌・4

▼2005年4月

1978年、筑摩書房は経営不振のため会社更生法を申請した。テレビ、新聞などの各メディアは「良書」にこだわる出版社の倒産としていずれも大きく取り上げた。全国の書店が「頑張れ筑摩書房フェア」に取り組んでくれ、大学や図書館の再建支援注文も舞い込んだ。

私は当時倉庫に勤務しており、ボーナスの季節になると全集セット商品が10トン車でドーンと搬出され、数ヶ月後にはその返品処理をするというような業務に追われていた。会社を潰したくなければ業界でトップクラスの高額なボーナスをあたりまえの水準にすることのほうが先決だろうと思っていたくらいなので、世論があのように頑張れ筑摩書房一色になるとはまったく思いもよらぬことであった。

筑摩同情論一色のなかで、敢然と異を唱えたのは角川書店の角川春樹社長（当時）だった。「同社の倒産が、良書の出版が世間に受け入れられなくなってきていることの証であるようなキャンペーンは間違っている。倒産は会社が利益を出せず、返済能力以上の借財が引き起こすことにほかならない」といった主旨の新聞のコラム（探したがみつからなかった）は倒産してうなだれる社員を激怒させるに充分な発言であった。当時、文庫ブームは絶頂期で、なかでも角川書店は映画や歌謡界と連動させた、いわゆるメディアミックス路線の旗頭であった。「死者に鞭打つ」と誤解されるような言動は、通常はリスクが大きいので思っていても口に出さぬものである。会社更生法を申請するまで、たった一度の賃下げやリストラを試みたこともない経営者に比べ、この人の明快な断定は当時の私には爽快ですらあった。

○月○○日　T市

O書店を訪問。社員に営業しようとするが、社長を呼びにゆかれ、事務所にてお茶をふるまわれる。社長はいつものように穏やかな笑みを浮かべ「ご立派な本ですよねえ。最近はどうもこうした良い本が敬遠されてお互いにラクじゃありませんねえ」といった話ばかりで、お茶も上等だし、慇懃このうえないのだが……。こういうのって「敬して遠ざけ」られたっていうんだろうなあ。

▼**メディアミックス**……ひとつのコンテンツを書籍・コミックのほかにテレビ・映画・ゲーム・舞台など複数のメディアで同時に展開することで、映画館が書籍の宣伝媒体になり、書店が映画の宣伝媒体になるという具合に相乗効果を出す手法。1970年代に『犬神家の一族』『戦国自衛隊』などで計画的な大量広告によって複数メディアでヒットを生み出す路線を切り開いた角川書店は、アイドル映画やアニメ・ライトノベルなどでもヒットを連発するようになる。【須田】

80年代営業日誌・5

▼2005年5月

　まだPCもPOSももちろんVANもWebもなく、デジタル化社会がいかなるものかイメージすらできなかった時代である。出版社の営業で戦略的に価値のある情報とは商品の出入りであった。注文の大半は短冊だ。この紙の注文書は書店・取次地方店所・取次本社倉庫・出版社と経由しているので受け取って整理している時点では記入された発注日から10日はたっていた。売れているのではないかという商品はこれが毎日どの程度の速さで貯まってゆくのかをじっくりと観察するのである。つまり2週間も3週間も前の情報を頼りに1ヶ月後に出来上がる重版の判断をするわけだ。もちろんその間商品は品切れのまま保留される。事故伝（出荷できなかった注文書）は出版社に保留せず、重版なのか返品待ちなのかあるいはその予定がないのかを記入して、すぐに書店に返すことがルールであった。が、もちろんこの約束はよほどはっきりとした絶版や品切れをのぞいて守られることはない。短冊を戻してしまえば「お金」と「情報」をいっぺんに放棄してしまうことになるのだから当然だ。だんだん増えてゆく短冊の束を前に、積極派と慎重派とがにらみ合い、結論が先送りになる。仕入れようとする本が入荷しないので同じ書店から何度も注文がくる。それも減数されると困るので注文数がどんどん水増しされてゆく。しだいにどれが需要の実態だかわからなくなるのだが、さすがに短冊の束が分厚くなるころには責任者の決断で「重版だあ！」となる。しかしここでさらに「では何部？」という重大な問題が浮上し、また議論となる。議論といっても慎重にゆくべきか、思い切ってゆくべきかの主観のぶつかり合いなのでなかなか丸くおさまることはない。かくして待望のヒット商品が書店に到着するころには市場の熱気はとうに冷め、出版社には待っていたかのように、そしてあざ笑うかのように返品が入り始めるのであった。

○月○日

何軒もの書店さんに『不良少女とよばれて』（原笙子著）が入らないと叱られる。「筑摩さんは女の子が買ってくれる経験がないからわからんでもないけど早く出したほうがいいよ。醒めるのも早いよ」と親切に忠告してくれる書店さんもあった。どこの店でも品切れなので出先から会社に電話するともめているそうだ。売れなくても空気は悪くなるし、売れても喧嘩するのだから救いのない会社だ。

▼**短冊**……出版業界における代表的な注文書の一形態。形状が短冊に似ていることからこう呼ぶ。スリップともいう。書店の印が押され、書名、冊数などが記されている。業態に見事にマッチしたその利便性から、現在も営業を含む出版流通のあらゆるシーンで活躍してきたが、近年のＩＴ、ＳＡ化でスリップレス化が進み、流通現場でその姿を見ることは少なくなっている。【塚田】

▼**事故伝を書店に返すルール**……出版社に送られた注文書のうち、品切れなどの事情で出荷に日数がかかるものはすぐに書店に戻すのが暗黙のルールであるが、出版社の都合でこれが守られないことは多い。出版社は、出荷すれば売上げにもなるし、お客も逃げないと考え、注文書を保留するが、その間書店とお客は

待ちぼうけである。【塚田】

▼**減数**……ここでは出版社が書店からの注文数を勝手に減らして出荷してしまうこと。用例↓「書店から100冊の短冊があったけど在庫が少ないから50冊にして出荷した」。出版社が希望する委託配本部数を取次に減数されることも多い。用例↓「今度の新刊を取次に新刊委託1千部で頼んだけど600にされちゃったよ〜」。【塚田】

80年代営業日誌・6

▼2005年6月

今ではクルマを使う営業は教科書促進で学校廻りをするときだけになってしまったが、昔はずいぶん乗りまわした。会社がお金に困るとすぐに巡回販売だったので販売に所属することは運転免許は不可欠だ。携帯電話とカーナビはまだなかったが、それがどんなに大変だったかは今の人には想像しにくいことだろう。

巡回販売は学校に地元の書店さんに同行してもらって図書館や個人の先生に本を買っていただく商売だ。司書や先生も馴染みの本屋さんが出版社を連れてくるので、警戒することなく本を選んでくれる。大きな本屋さんがない地方のほうが成功する。Web書店も当然まだないわけだから、本を入手する手立ては地元の本屋さんが唯一の頼りなわけだ。巡回販売は前日の夜に書店さんに行き、翌日の打ち合わせをする。だからどうしても疲れた体で夜の山道を突っ走ることになる。巡回販売を1クール終えると5キロは痩せた。体力も経費もべらぼうに消費するわりに、利益は意外に少なかった。

しかし地方の小さな書店さんとの接点は今よりずっと強くあった。書店さんも出版営業を大切にしてくれた。学校で先生から受ける本の相談を商売に繋げるために出版社との人脈は不可欠だったのだ。そんな地方の小さな書店さんもだんだん少なくなり、あるいは郊外型書店へと姿を変えてゆき、巡回販売をする出版社も児童書だけになってしまったようだ。

○月○○日　I町

H書店に到着したのが8時を過ぎてしまった。豪雨のなかで道に迷い、スタンドと公衆電話を探し、思うようにならずに遅れてしまい、そのことをHさんに詫びた。ずぶ濡れのぼくを見てHさんは穏やかに笑い、「田中さん、明日の学校は挨拶だけでいいよ。ほら注文はもういただいてあるからさ」。Hさんの手には注文書の束があった。注文の金額は70万円を超えていた。Hさんはすこし誇らしげであった。こんなことがあるんだろうか。今日の売上は3万円しかなく、惨めでボロボロだったのだ。地獄で仏とはこのことだ。町で一軒しかない居酒屋で食った焼き鳥がものすごく旨かった。今夜のことは一生わすれないだろう。

その後、筑摩書房は巡回販売をしなくなり、Hさんともお会いすることがなかったが、数年後Hさんが交通事故で亡くなったことを聞き、その夜ひとりで焼き鳥を食った。あの日のように旨くはなかった。

出版物流講座Part2-1

▼2005年7月

80年代営業日誌は書いていてそれなりに面白かったが、これ以上続けるとどんどんノスタルジーの世界に入っていきそうなので、しばらく休載し出版物流講座を再開することにした。小売業界では物流はしばしばライバルに大きな差をつけるファクターになりうる。しかしメーカーにおける物流は本質的に二義的な課題だし、独自の物流開発が努力や投資リスクに見合うだけの効果を引き出すことは稀で、業界物流インフラ整備に依拠する部分のほうが大きいのだ。出版共同流通やトーハン桶川構想などがそれにあたるが、それでは出版社それぞれの物流開発は無意味なのかといえばもちろんそんなことはない。

例えば出版共同流通の折コン返品について不満や苦情を耳にする。①折コンの嵩が張って場所を食う②折コンを早くセンターに返却しなければならないので作業スケジュールを立てづらい（これはちょっとビックリしたのだが、返品が大量に溜まるまで積み上げておきたいということらしい）③アイテム別結束でなければ作業しづらい……等等であるが、これらの不満は「このようにやれと言われたが、うちの場合はカクカクなので困る」ということのようである。もちろん大手取次の返品システムが変わればそれに合わせてゆくために出版社は自社の物流システムに手を加えざるを得ないし、金もかかる。物流をアウトソーシングしている会社は料金の見直しもしなければならない。

しかし私はこれまで「返品が遅い！」という不満をずっと抱いていた。書店の返品が遅いというのではない。書店はもっと置いてくれなければ困る。「遅い」のは書店の返品した商品が出版社の倉庫に届く物理的な移動にかかる時間であり、さらにデータ的な入力処理に要する時間である。商品として生かせない以上これにかかる時間は完全な無駄であり、この無駄を排除する工夫は出版社独自の努力ではできない。出版共同流通の返品システムは取次に返品をプールせず、返品の明細を完全にデータ化するわけだから、この課題を革命的にクリアしている。小社はこの速さを生かして販売効率を上げてゆきたい。書店での販売情報がリアルタイムに得られて返品と返品情報がスピードアップしたのだからさらにうまく売れないはずがないのだ。システム変更が面倒だ、開発費が嵩むという社があるということは、ライバル社に差をつける開発チャンスだという気がするのだが。

▼トーハン桶川構想……「トーハンの物流を一元化する業務センターを桶川に建設する」という計画は「ト

ーハン桶川構想」と呼ばれた。幻に終わった須坂の業界共有物流拠点が「須坂構想」と呼ばれたことを受けてのものと思われるが、トーハン桶川SCMセンターは2006年秋、無事に実現。翌2007年10月には全面稼働した。【高島】

▼折コン／折コン返品……出版共同流通からの返品に使われる折りたたみコンテナ（出版共同流通ではオリコンと略している）。他に「コンビテナー」という大型のかご台車が使われる場合もある。【高島】

▼物流をアウトソーシング…出版社から取次への納品は、取次が出版社に集品に出向く場合と、出版社が取次に納品する場合がある。出版社が納品業務を倉庫会社に委託することも多くおこなわれている。【沢辺】

出版物流講座Part2-2

▼2005年8月

物流講座を再開したからには実践的で役に立つものにしたい。本来物流は商品を生み出す生産業である限り、企画・生産ラインと同レベルで大枠の構想に入っていなければならないのだが、出版業界ではそうはなっていない。出版業界はこの点において（物流軽視の凄まじさにおいてというべきか）他のいかなる生産業にも窺えぬ特異性を持つ。物流軽視とは素朴に言い換えると、

①本は売れることを信じて作るのだから売れ残ったり、返品されたりということは計量化されるべきではない。

②重くて汚い仕事はなるべく考えるのを後回しにしたい。

③重要なんだろうけど一生懸命勉強して自分にお鉢が回ってくると困る。
④出版社を起こすにあたって資金不足だし、ノウハウもない。専門業者に丸投げしたほうが合理的だ。

といったところだ。で、戦略的物流システムをこれらの素朴な動機にあてはめると
①本の作り部数は仮説である。在庫と返品の限界点は客観的に実在するものだから仮説をシビアに設定するべきである。
②重くて汚い仕事を減らすためにハードウェアとシステムに投資すべきである。
③物流のような重要案件は個人の能力によらず、思想と方法を社内で共有化すべきだ。
④部分的であれ全面的であれ、アウトソーシングは不可欠である。自社の商品特性に沿った物流システムを徹底的に論理構築したうえで最善の専門業者に委託する。

という具合に全部置き換えることができる。つまり言い訳なんだね。ではどうしてそちらのほうの気分に傾いてしまうのか。ここから一気に飛躍することになるが、一言で言えば編集的センスと営業的センスの断層だ。この断層をしっかりと議論と制度で繋げれば（つまりそれが経営なのだろうが）必然的に物流は身近なところに立ち現れるはずなのだ。

「飛躍するが、「絶版」という一般の人々が熟知している概念を、出版業界は頑として公用語として承認しないままでいる。この欺瞞性が続く限り、断層はなくならないのでは……と考えることがある。残念ながら筑摩書房も私も例外ではない。

▼本の作り部数は仮説……新たに本を製作する場合、その製作部数は限りなく仮説になる。著者の過去の本の販売実績、同じジャンルの類似テーマの本の実績などから類推する以外に方法がないので、仮説（勘）でその数が決定されているようだ。【須田】

出版物流講座Part2-3

▼2005年9月

出版共同流通による返品受領が順調に稼動している。弊社物流関係者の中間報告を簡単に紹介しよう。

①文庫・新書の返品が綺麗。80％くらいの返品はそのまま再利用したくなるほど（してないけどね）。これまで返品は取次内で結束し、横積みで積み上げた上、そのパレットの上にまたパレットを積み上げたりしていたこともあり、かなりの確立で「ヤレ」が出ていたのだが、捻じれ、端折れ、天地・小口の傷みなどが格段に減少したようだ。

②新刊の返品が取次にほとんどプールされない原理なので、市場の動向を理解できる。もうすこし時間がたてばはっきりするだろうが、返品のピークが終了したと判断して重版したらそれが入荷すると同時にドーンと返品がかえってくるというような悲劇が減少するだろう。

③新書の返品が可能な範囲でアイテム別になったので返品仕分けが楽になり、もちろ

ん処理も速くなった。新書は装丁が同じなのでパートさんの返品仕分けが大変なんだよ。機械によるソータリングならなんの苦にもならないからうってつけだ。これは助かる。

④そしてもちろんデータ入力が正確で速く簡単になった。つまり返品のデータの信頼性が上がったということ。前にも言ったけど、返品に目をつぶってはいけない。真っ先に検証したいデータが返品データなのだから。

⑤これは予想できたことだが、やはり折コンは少々嵩張る。得られたものの代償としては小さいが、返品処理をプールしない作業システムをきっちり築かないとスペース不足で大変なことになるかも。

⑥当社はすでに売れ行きが悪く、返品を改装して再利用する可能性のないものは仕分けの段階で断裁するシステムを作っているが、「出版共同」は出版社の指定に沿って廃棄・断裁処分をしてくれるそうだ。嫌がる出版社もあるだろうが当社は歓迎する。はやく実現したいものだ。

⑦早く実態も「出版共同」になってほしい。それと、「出版共同」に参加してない取次も同じようなシステムを早く確立して欲しい。

【塚田】

▼返品の傷み……書店、取次の返品作業の過程ではさまざまな「傷み」が生じる。結束するときのヒモの跡、汚れ、破れ、折れ、靴跡などなど。返品に折コンが使われて、結束をしなくなった事で劇的に改善された。

▼機械によるソータリング……ここでは、出版共同流通による自動仕分け機の導入で、バーコード読み取り

により返品仕分けが機械化、自動化されたことを指す。【塚田】

出版物流講座Part2-4

▼2005年10月

「筑摩さん（田中さん）は物流好きだから……」

その言葉に皮肉と揶揄がこめられていることは言うまでもない。日頃私は物流に関しての発言が多く、またしばしば挑発癖に抑制が効かなくなるので少々言われるのはしかたない。しかし好きか?と問われれば、そんなことはない・と・思う。会社が存続してゆくためにはさまざまなルールとか制約がある。大袈裟にいえば人間社会に法があるようなもので、支払いを果たせなかった企業は失格の烙印を押されるのが経済のルールである。そして倉庫のキャパを超えて物を作りすぎることは制約を無視しているのだから、メーカーとして初歩的なミスである。単純過ぎるいいかたかもしれないが物流は会社存立のためのもっとも単純で具象的な制約だ。

物流的テーマをディテールから考えるとかなりややこしくなる。たとえば四六判上製本の小口研磨のコツだとか、パートさんとの上手な付き合い方とか、無駄がなくスピーディーでローコストな配車の仕方なんてことをフツーのひとが考えたってわからないし、わからなくたってかまわないのだ。問題はフレームの部分である。たとえば究極には売れない商品は全部断裁し、売れる数だけはキッチリと確保するという単純なテーマほど経営にダイレクトにはねかえり、そして難しいことなのだ。

物流的真理はシンプルで過激である。Ｗｅｂ書店が急激にシェアを拡大している理由は、理論上存在している商品を広範囲にすべて販売対象としているからで、すべて「在庫」しているからではない。私は個人的にはリアル書店のほうが好きだが、顧客満足をできるだけ「在庫」することで実現せざるを得ない書店のリスクは絶望的に大きいといわざるを得ない。

最近クロネコヤマトのブックサービスが「おとりよせ@ブックサービス」という書店客注サービスを始めて書店から好評のようだ。このビジネスモデルの骨格は神秘的なまでにシンプルな物流的真理の上に立つ。すなわち、無数の出版社の、あるかないかもしれぬ商品を在庫するのでも、注文するのでもなく、取りに行ってしまうのだ。どこも真似できないし、しようもないビジネスモデルである。出版社がデタラメで物流インフラに無策であり続けたことが、皮肉にもアウトサイダーによって風穴を開けられたというところだろう。しかし、本当にそんなことをして商売になるのだろうか。

▼**上製本の小口研磨**……改装作業のうち、もっとも機械化しづらく面倒な工程。上製本は表紙が厚く本文より一回り大きくできているために、表紙を避けて研磨しなければならい。並製本の三方研磨機はある程度

普及しているが、上製本の研磨機は聞かない。したがって紙ヤスリや消しゴムなどを使った手作業で研磨するよりなく、個人の技量によって、仕上がり、生産性に大きな差がでることになる。【塚田】

出版物流講座Part2-5

▼2005年11月

いつか「常備」について考えてみたいと思っていた。一昔前までは出版社の営業の重要な任務のひとつに常備店の開拓と確保があった。「常備」として置いてくれる店を増やし、置いてくれる常備品の量が拡大することが売り上げの拡大につながると信じられていた。一都市一店舗の老舗書店が地域の書店を代表していた時代だったから、その店に置いてもらわなければその地域の読者に商品を見てもらえる機会を失うことでもあった。

書店も多くは出版社別の棚を作り、出版社が書店におけるいわばジャンルであった。みすず書房の棚は出版傾向も明確で、造本も統一がとれていてかっこよかった。そこへゆくと筑摩書房はジャンルも造本もバラバラで貧弱だった。今はそういった現象は文庫の棚に移り、書籍はジャンル別陳列が常識となった。

「常備」は理論上読者が実際に商品を購入し、書店がそれを補充するまで支払いが発生しないわけだから、書店は経営的観点からは有効利用したい制度のはずだ。しかしここにきて制度を利用せず、自社の売上げデータを活用して品揃えをしようとする傾向がみられるようになってきた。常備制度から得られるメリットよりもそれによる拘束を嫌ったというべきかもしれない。商品が綺麗にジャンル別管理され、売れた本は補充される。それが完璧ならば確かに常備はいらない。どんな本にも平等なチャンスが与えられるわけだし、「常備なし」でゆこうとする書店の志は尊重すべきだ。

しかし、この試みは思ったほどの効果をあげていないようだ。きれいに並べた本も立ち読みで汚れ、汚い本は売れないまま棚に眠り、万引きで欠本が出ても補充されず、それらはデータ上「売り上げ実績なし」として抹殺される。「常備」をやめてしばらくし、商品を入れ替えてみると確実に売り上げが上がる。やはり長年利用された制度というものはいろんな付加価値が生じて一番のメリットが希薄になるのかもしれない。「常備」は綺麗で売れる商品に手を触れて並べ直す、書店の原初的作業であったわけだ。

今夏、約11万冊、４１９店舗の常備を出荷した。店舗数は20年前のほぼ半数である。

▼**常備店**……出版社と常備寄託契約を結んでいる書店。出版社にとって、常備店は自社の書籍を在庫するという意思表示をしている書店であり、関係性を密にしたい／密にすべき対象である。出張などでまずはじめに立ち寄る書店だといえるだろう。ただし、在庫過多や早期返品などで常備店なのに1年契約の常備書籍を在庫していないこともあり、各出版社の営業は常備書籍の所在確認も大切な仕事の一つである。【矢野】

共有書店マスタ・ユーザ会関係者に感謝

▼2005年12月

共有書店マスタ・ユーザ会の会費が今期4月に遡って一律1万円となった。「1万円っていっても今までと同じじゃん」という出版社も多いことだろう。1万円を正確に言えば「基本負担金」8千円＋「運営負担金」2千円となる。「基本負担金」とはユーザ会を立ち上げる際に「中小の出版社でも負担できる限度額はいかほどか？」ということで決めた会費で、全社一律の部分だ。それでは「運営負担金」とはなにかというと、参加出版社数が少ない初期段階（当時52社）では毎月運用費用200万円の5分の1にも満たないので無理やりひねり出した補塡金である。ん？　それでも計算が合わない。そうなのだ、「運営負担金」は出版社の規模に応じた会費だ。そしてそれが大きな問題だった。なぜなら「運営負担金」は小出版社の2千円から最大負担の出版社（K談社）32万9千円までの開きがあったからだ。つまり毎月1万円会費の会社と30万円以上負担する会社が同じDBの使用料を払っていたわけだ。30万円×12ヶ月×6年間＝……あ、いやだ、考えるの！　ごめん！　1社1万円を切らなければと主張したのは誰だったか、もう忘れたい！

大手出版社のほうが得られるメリットも大きいのでは？という意見もあるだろうが、大手出版社はすでにそれぞれしっかりとしたDBを所有していたのだ。ではなぜ大手出版社は二重に費用をかけるような選択をしたのか。それは書店の販売データや注文データを共同で集配信するために共有の書店IDを普及させ、多くの出版社とそしてすべての書店にまさに共有のものと認識してもらう必要があったからだ。

10月の会員社数は212社となった。共有書店マスタはもはや出版業界になくてはならないインフラに成長したのだ。一律負担額が1万円になったのは喜ばしいことだが、スタート時の考え方は1社8千円、つまり目標は「基本負担金」のみで運営することで、このことを忘れてはならない。会員社数が270社になれば8千円で安定運営でき、250社で見切り発車できると考えている。

これまでの多大な負担に不満を言うことなく、リードしてきてくれた少数の大手出版社の志に敬意を表し、会の運営に携わってくれた世話人会出版社、データを毎日更新し続けてくれた一ツ橋企画さん、事務局のDCSさんに、そして賛同してくれたすべての会員出版社に感謝！

▼世話人会出版社……太田出版、角川グループパブリッシング、学習研究社、河出書房新社、講談社、光文社、小学館、集英社、草思社、筑摩書房、中央公論新社、主婦の友社、新潮社、文藝春秋（以上、14社）。【高島】

▼一ツ橋企画／DCS……集英社の子会社である一ツ橋企画は共有書店マスタの書店メンテナンスを、DCS（三菱総研DCS）は共有書店マスタのデータ管理・配信・ユーザ会のサイト運営等を担当している。なお、書店POSデータ配信システムとして知られるP－NETの管理もDCSがおこなっている。【高島】

版元ドットコム日誌が呼んだ災い

▼2006年1月

版元ドットコムのHPにたくさんの出版社が交代で連載する「版元日誌」というコラムがある。先日、語研の高島利行さんから「共有書店マスタ」について書いたというお知らせメールをいただいた。どうやら本とセットのCDが間違って装着されるという事故があり、そのCDの回収交換大作戦に「共有書店マスタ」が一役買ったというお話。配本先のリストとその書店の電話や住所といったデータ、それにそれぞれの配本数が全部「共有書店マスタ」の書店IDで結びつけられるので、回収に伴うお詫びの電話連絡や差し替えのCD送付作業などてんやわんやのなかでなんとかクリアしたという、聞くも涙の長編ノンフィクションなのだ。たしかに「共有書店マスタ」の実力が遺憾なく発揮されて、それで苦労してきた当事者としては、ちょっといい気分にさせられる文章だ。しかし……。

次の文章は高島さん日誌への私の書き込みコメントの一部。

「高島さんのドタバタ回収劇はひとごとなので（ゴメン！）ニヤニヤしながら読んでしまいました。語研は迅速な対応をスタッフ総がかりでやれるいい会社ですね」

しかあし、この余裕のコメントがまさに災いを呼んだのだ。しかも事前にこの高島日誌を読んでいたことが劇的に役に立ってしまった。小社の事故は印刷所のミスで、新刊文庫の下段バーコードが読み取れないということが配本直後に判明。すでに取次のラインは組まれており、止めることはできない。書店さんの手でカバー交換してもらうしかないのだ。こうなったら「高島方式」でゆくしかなあい！　配本書店と配本数のリスト出し、電話・住所のデータ出し、送品のためのラベル出し、出版ゴールドサービス利用のファックスによる詫び状送信、これらの作業がすべて「共有書店マスタ」とマスタの書店ＩＤでスムースに抽出できる、というのが高島さんの出版トラブル必勝攻略法なのだ。ホント、人の不幸を笑ってはいけないよね。高島さん、それでもあなたのご苦労は１７０店舗でしょ？　うちの「交換用カバー直送大作戦」はさ、文庫だからね、２５００店舗なんだよ、掛け値なしに。

高島さん、「共有書店マスタ」は強力だけど、やはり回収だとか直送だとかお詫びとかのネガティヴな使い道はあまり何度もやりたくないものですね。この「営業部通信」を笑ったあなた、つぎはあなたが危ない！

▼**版元ドットコム**……出版社が自らの手で書誌情報を公開することを目的に立ち上げられた団体及びその団体が運営するＷｅｂサイト・データベース。２００６年４月より有限責任事業組合（ＬＬＰ）となる。１２６社が参加（２００８年６月現在）。【高島】

▼**出版ゴールドサービス**……ネクスウェイが提供する書店向けＦＡＸ送信サービス。共有書店コードによって管理・メンテナンスされている書店のＦＡＸ番号リストを利用できる。正式名称は「ＦＮＸ販促Navigator出版ゴールドサービス」。【高島】

「品切れ」をめぐる営業センス

▼2006年2月

「品切れ」を巡る流通の各シーンを少々考えてみた。「品切れ」は少ないほうがよいというのは正確ではない。「品切れ」によってお客様の注文に応えられない、そのようなことの頻度が少ないほうがよい、というのが正しい。同じく、「品切れ」のものをなんとか探し出してお客様に手渡す努力をするというのは仕事人としての美談ではあろうが、本質的にはなにごともなくほとんどの商品がスムースに出荷されるのが望ましい。で、それらを実現することの方向付けとしては、商品の売れてゆく速度とロットを正確に把握し、ビジネスとして許容できる範囲で最小のリスクで在庫数を算出し、不要な商品は処分し、確保するアイテム数を最大にしてゆく。

しかし、このように整理してみると物流のロジックって無味乾燥でツッケンドンだなあ。こんな言い方をするから誤解されるのだ、といつも反省するのだが、でもこれが真実なのだ。誤解や反発があるのはそれが物流ではない部門の現場感覚に根ざすからだ。例えば、懇意の書店さんに「品切れ」の本を探して欲しいと依頼されたとする。これは「品切れ」であることが双方の前提になっているのだから、すでに物流マターではなく営業上のご相談なんだね。もし在庫管理が完璧ならば「では探してみましょう」という営業トークはかなり虚しい。なぜならコンピュータ端末上に表示された「品切れ」は絶対なのだから。

小社の在庫管理はもちろん完璧ではない。しかし棚卸しの誤差率は0・8％以下だ。これはかなり驚異的な精度だが「ないものはありませんよ」と答えたのでは営業トークとしては失格だ。そこで「難しいですが探してみましょう」となる。「ないものはない」という真理は虚しく数日間封印されるのだ。

それでも「品切れ」は出てくることがある。種を明かせばクレーム対策用（落丁・乱丁交換など）保存本や編集原本などだが、これはおいそれとは使えない。数年前、ある著者の強い要望で保存本を出庫したところ、この著者が馴染みの書店さんに「筑摩の役員に頼んだら出てきたよ」と話したので大トラブルとなった。その書店さんは電話で何度も在庫調査を依頼し、その度に「品切れ」を宣告されていたのだ。書店さんが怒るのは当たり前だ。やはり書店さんや読者にナマの真実を晒しただけではかならずしも納得してもらえない。その場その場で矛盾しない方針を打ち立て、それを理解してもらう営業的センスが重要ということだ。

やっぱり出版社の本質はメディア産業でしょ

▼2006年3月

「出版社はメーカーだ」とはよく耳にする言葉だ。私自身そんなことをどこかで何度も言ったことがあるような気もする。でも本当にメーカーなのだろうか。確かにモノを作り、売って、その利益で食べてるのだから素朴に考えればそういえなくもない。でもモノを生産するといえば新聞だってある意味ではモノだし、それじゃあ新聞社がメーカーかっていえば「馬鹿だなあ、ありゃあメディア産業ってもんだろう」と誰からも一蹴されてしまうよね。その論理でゆけば出版社もメディア産業なのだが、でもやっぱり素直にそうは言いたくないところがあるのはなぜだろう。

「出版社はメーカーだ」という主張にはどうやらアンチテーゼとしての思いが込められているようなんだな。すくなくとも私はそうだ。「メーカーなんだから利益の見込めない本作りはやめにしませんか?」とか「物流構想すら持たずによくメーカーやってられますね」なんてね。まだまだあるぞ。「在庫があるのかどうかも言えずにそれでメーカーかよ」「無条件に返品受けちゃうなんて、そんな呑気なメーカーがあるものか」。ふむむ……こりゃあきりがないぞ。ようするに「キッチリとビジネスの仕組みを理解しましょうね」というメッセージなんだね。だから出版メーカー論を主張する人は概ね営業系だといってよい。

しかし「出版社はメーカーだ」という主張がアンチテーゼとしてビンタ的効果はあるにしても出版社の本質はメディア産業でしょ、やっぱり。出版界は長期の低迷期に入って久しいが、だからこそ、その間「出版社はメーカーなんだからね」と繰り返されてきたのだと思う。そんな素朴なビジネスの仕組みを繰り返し説く必要があるほどに、面白い本ならば自動的に売れてしまったよき時代がかつてはあったのだ。商流と物流の構造的な改善は飛躍的になしとげられ、またさらに継続しなければならないが、出版という固有のメディアを再考すべき時でもあるのではないか。本質的であり多義的で、時代を予言しつつ遡る、他のメディアには真似のできない面白い世界だ。本屋をメディアの構成員として位置づければ、もっとも読者に近い「端末」とでもいうべき業態だ。「売る」ための仕組み作りと同時に、「伝える」ための感性を磨いてほしい。そしてなによりより出版営業が書店に足繁くあらんことを願う。

「良心・志」で情緒的粉飾する幼稚さ

▼2006年4月

「出版社は本質的にメーカーではなくメディア企業である」という断定に、「おまえがそのように言うのは意外であった」という感想を社内あるいは社外で何度か聞かされた。だから調子に乗ってもう一度書く気になった。私に対するその率直な感想は決して非難がましいものではないが、苦笑混じりであったことは否定できない。「これまでオマエが手がけてきた物流システム・情報システムの開発、企画決定・部数決定・断裁決定などへの向き合い方は、ある意味で情け容赦なくプラグマチックで、そのオマエが今になってメディアとしての自覚を説くのはちょっと妙じゃないか」といったところだ。

私がプラグマチストであるかどうか（そうかも！）はともかく、その印象が拭えないのはそもそも日本の出版自体が産業として幼稚だからだ（また言っちゃったよ）。出版はいうまでもなくその著作物を作って売り、その利益で成り立つ産業だ。だからそんなアタリマエな前提をものものしく申し立てる「出版メーカー論」はおかしいし、本質からずれていると言いたかったのだ。そして作って売った利益で食べているという企業存立の前提を「良心・志」などという情緒的粉飾でブラインドしてしまう精神的伝統を幼稚だとも思うのだ。

そしてプラグマチストは三段論法の名人である。

（1）良い本は難解なものでも貴重である→それを求める読者は少ない→高単価になる

（2）高単価な商品はロットを見込めない→アイテム数を増やす必要がある→広い倉庫が必要になる

（3）広い倉庫を維持するには金がかかる→人員を削減し無人化を目指す→システム化を推進する

（4）沢山売るチャンスをものにしたい→広範囲な情報を入手する→ＥＤＩを推進する

（5）ＥＤＩを加速させるのは自社だけではできない→協業を呼びかける→インフラを建設する

ネ、簡単でしょ？　こうやっているといくらでも出てくるものだ。
簡単は簡単なのだけれど、出版はどこかモッサリして、しかもチョコマカと手のかかるメディアだ。無数の家庭にドーンと情報を送れるテレビと対照的だ。もしかすると、お弁当個別配送的なこの伝達システムが出版固有のメディア特性を担保してきたのかもしれない。さ、知恵を絞って、頑張って、美味い弁当を作りましょう。せっせと運ぶかささ。

▼ＥＤＩ……電子情報交換（Electronic Data Interchange）。出版業界では出版社、取次、書店の間で在庫情報や受発注情報を交換したり、書店がＰＯＳレジで収集した販売データを出版社に提供するために利用されている。【星野】

良書信奉者は営業・物流を理解しているか

▼２００６年５月

出版業界はいろいろな「嘘」を共有している。言い換えれば「嘘」を符牒として出版業界の権威付けにしているようなフシがある。私は「良書」という言葉が、いや、ことあるごとに「良書」を口にする出版人が嫌いだ。「良書を売らないダメな本屋」「良書を売り続けることこそ出版の使命」「良書を絶版にする志を失った出版社」「採算を度外視してでも良書を出し続ける」「良書が売れない堕落した時代、国民」……まったく偉そうなひとたちだ。

「良書」と思われる商品が売れないのは売り方がヘタだからではないのか。「良書」で採算が取れないのは価格設定が間違っているからではないのか。「良書」を断裁せずに在庫しているのはそれが財務上困難だからではないのか。「良書」が売れないのは「商品力」以上の鑑定をしているからではないのか。「良書」が読まれなくなったのは「国民」が馬鹿になったのではなく、アンタが勝手に「良書」と思い込んでいるだけではないのか。多くの本屋が「良書」を売らないのはアンタが「良書」を売りづらい取引形態にしがみついているからではないのか。「良書」で商売するにあたり、採算を度外視するのは「良書」と「ビジネス」への冒瀆ではないのか。

私は何度も「良書」を売り損じている。プロとして恥ずかしいことである。しかし売り損じたのは「堕落した本屋」や「馬鹿な国民」のせいではなく、もちろん政治が出版業界を保護してくれないからでもなく、私がヘタなだけである。上手くなるには勉強も投資もそして節度も必要だ。地味な「良書」は在庫し続けるという難題がある。まず倉庫が必要だ。物流のノウハウ、人材もなくてはならない。人件費も膨れ上がるのでシステム化も進めなくてはならない。件《くだん》の「良書」信奉者がいったいどれほど営業や物流を理解しているというのか。

話題を転じるが、ＮＨＫの受信料不払いが後を絶たないのは、ユーザー（客）がそれを商品と認めてないからだ。あるいは価格が適正だと思えないからだ。「見た分だけ払う」という一部の世論はコジツケでも開き直りでもない。どんなに優れたコンテンツであろうと、消費者には買うか買わぬかの最終的な選択権があって当たり前なのだ。出版業界は民放の精神でやり抜かなくちゃね。

富と利便性が豊かにするわけじゃない

▼2006年6月

ネット通販や大規模書店の地方の出店で地方の本の購入は格段に便利になった。しかし昔のほうが本を読む人はたくさん読んだ。中学生にもなると図書室の全集を乱読した。解らぬままにドストエフスキーを片っ端から読んだ。ロシア文学はまるで山登りみたいだ。全8千メートル峰登破！なんてね。貸し出しカードを見て、先輩の名前が記入してあると「やっぱり……」と感心したりした。高校では刊行されたばかりの大江や開高の感想を国語教師に求めたりする生意気な輩もいた。小説ばかり読んでいても「ドイデ」やら「党宣言」を知らぬと子供だと馬鹿にされた。

『赤頭巾ちゃん気をつけて』(庄司薫著)という小説が芥川賞を受賞し、大ベストセラーになった。日比谷高校のオマセな生徒のこれでもかという自意識の羅列に、今の人なら見向きもせぬだろうが、当時それはもっともな気分であった。

で、40年前私は千葉県の片田舎の高校生だったのだが、本屋は数軒しかなく、いずれも本屋といえば、店では雑誌と学参を売り、あとは学校への納品と一般家庭への配達で成り立っていた。オフクロが『主婦の友』、オヤジは『文藝春秋』、そして私が『高一時代』だった。毎月の月末になると、『主婦の友』を大書きしたチョコレート色の大箱を括り付けた自転車（重そう！）をおばさんが漕いできた。縁側でオフクロがおばさんに麦茶をだす。おばさんはおきまりのチラシをいくつか出してさりげない営業だ。ウーム、昭和版アマゾンだな。

店で本を買うのは困難なので、模擬試験なんぞで上京するヤツは紀伊國屋本店で生意気な本を買ってきた。なにしろ八重洲ブックセンターもジュンク堂もブックファーストもなく、三省堂書店も木造の時代だ。模試を受ける生徒を見繕って、紀伊國屋で本を買ってきてくれとセンコーがせがんだ。新刊書籍とリーヴァイスと洋モクは貴重品だ。鼻高々である。東京への準急は一日3本しかなく、片道3時間以上かかったので、上京のときは親戚か先輩の下宿に転がり込んだ。出来の悪いヤツは模試の一時限目で歯が立たず、歌舞伎町や浅草の雑踏に紛れ込んだ（ワタシ）。学生運動の集会に参加してきたと自慢するヤツもいた。

いやぁ、不便な時代だったね。だけどなぜあんなに熱かったんだろう？　ん？　今回は何を書きたかったのかな。昔は良かったという話ではない。富と利便性がいつも人間を豊かにするわけじゃないってことさ。

▼ドイデ・党宣言……「ドイデ」は、カール・マルクスとフリードリヒ・エンゲルスが記した『ドイツ・イデオロギー』の略称。青年ヘーゲル派の批判を通じて、唯物論的な歴史観（唯物史観）の基礎を明らかにしようとした。「国家とは幻想的な共同性である」という定義などで知られている。「党宣言」は、カール・マルクス『共産党宣言』の略称。「これまでのあらゆる社会の歴史は階級闘争の歴史である」と宣言する共産主義者同盟の綱領文書で、階級闘争でのプロレタリアートの役割を明らかにしたマルクス主義の基本文献。『ドイデ』も『党宣言』も、戦後の学生運動に大きな影響を与えた。なお、両著作とも日本ではいろいろな出版社から訳者が異なる翻訳書が出ている。【矢野】

国語だけ、高校だけ、上級向けの教科書販促

▼2006年7月

毎年のことだが、検定教科書の促進で販売がガラーンと留守状態。書店に筑摩書房が教科書というと大抵「あれっ、そうでしたっけ?」みたいな反応だ。なかには「ああ、そういえばわたしも筑摩の国語教科書だったような。まだ出してらっしゃるんですか?」というのもある。検定教科書は通常、書店の店頭商品ではないので関心がないのも無理はない。筑摩書房が出している教科書は国語の、それも高校の教科書だけだ。しかも教科書のレベルは高いほうで、どこの高校でも使えるわけではない。進学校ではそこ

そこのシェアがある。易しい教科書も出せば、中間層は市場が分厚いので、美味しいはずなのだが経験的にどうもうまくゆかない。国語以外の教科書も挑戦したがうまくゆかなかった。K談社も、K川書店も、S学館もなぜか次々と撤退し、一般書の出版社で残っているのは……ん？　うちだけだあ。

高校だけというのは一校一校が自分で教科書を決定できるからで、この地域は全部この教科書という、いわゆる小中学校のような広域採択だったら筑摩のような出版社が参入する余地はないだろう。しかし、この「高校だけ」でも、「国語だけ」でも「上級向けだけ」でも、いや、だからこそちゃんと毎年、学校個別に営業しなくてはならない。指導書や周辺教材がどうなっていますとか、来年度からはここがこう変わりますとか。そうだ、ようするに教科書は説明商品なのだ。書店営業はお互いにビジネスという共通のフィールドがあるから、ある意味で立場は五分と五分だ。しかし学校は違う。先生が教科書を選ぶのはビジネスではない。学校の実情にかなっている教科書をキチンと選ぶのが務めである。だから同じ営業でも学校へ行く時はアタマのスイッチを書店営業モードから完全に切り替えなくちゃいけない。

7月になるとみんなヘロヘロになって帰ってくる。体調崩したり、クルマでオカマ掘ったり、学校と刑務所を間違えて叱られたり、疲れが溜まってあたりまえ。休暇もとらせなくちゃいけない。しかあし、今年はそうも言ってられないぞ。教科書出張が終わっても書店営業だあ。なにしろ4・5・6月と一般書が売れてない。しかもサッカーW杯なんぞで世の中が盛り上がっている。W杯やオリンピックの期間はダメだ。本が売れない。売れないのはうちだけなのだろうか？　というわけで7月になったら大好きな書店営業におじゃまします。ちょっと人懐っこくなっていても大目に見てあげてください。

自分の頭で考えるって難しいな

▼2006年8月

堀江さんに続いて村上さんも逮捕されちゃった。まったく忙しいったらないね。堀江さんを担いじゃった自民党もあれだけいいように遊ばれて「ああ、早く忘れてしまいたい！」なんて様子がアリアリ。滑稽で面白いけど。でも一番いいように利用されたのはマスメディアだね。いまさら「ケシカラン！」なんていえないものだから、ふたりともいなくなってから冷静、客観的態度を維持するのにイッパイイッパイって感じ。ハハハ。間違いなくふたりともある種の天才だけど、こうまで国中が踊らされるなかでとびきりに恥知らずなのは大衆だ。若いのにトレーダー気取りでまともな仕事につこうともせず、なけなしのショボイ財産スッカラカンにしちゃって、あげくには損害賠償の訴訟とかきたもんだ。でもでも、いいんだよ、自分の行動や発言に責任持つ必要ないんだからさ「大衆」は。それに大衆が無責任なのは今に始まったわけじゃない。政治行動とお祭りの区別もできないままに、革命家気取りのアジテーションに踊らされた呑気な団塊世代だってなかなか立派なもんだったし、あんまり笑えないけど戦意高揚気分に踊らされて家族を殺されちゃった戦前のおじいさんおばあさんたちだって、みーんな同じだからね。ね、まただれか気持ちよく踊らせてくれるニューヒーローが現れるからさ。それまでガマンガマン。あ、ダメダメ、「騙されずに人生を送る本」なんて、そんな本ないからさ。知ってる？「バカ」って思考がパターン化することをいうんだよ。「文句なく泣ける本」とかさ「目からウロコ」なんてのは「バカは黙って買いなさい」って意味なんだからね。

まわりをキョロキョロせず、自分の頭で考える、って難しいなあ。そんな訓練受けてないもんね。ましてやそうして考えたことを言葉にしたり、行動したりって結構リスクあるもんね。だけどそれに向けてのトレーニングの本ならあるよ、いっぱい。売れないけど。

逮捕された二人の天才はほんとうに素晴らしい仕事を残したと思う。世の中の大部分が「バカ」で構成されているという大前提は二人のなかに明確に位置づけられていたはずだ。しかも文字通りバカにされた日本人のほとんどが「……？？」状態のままそのことに気付いていないのだから一流だ。

元気出してマトモな本売ろうね、みんな。

SAで書店がよくなったとは思えない

▼2006年9月

ISBNコードが13桁になる。幸いバーコードが普及しているので、カバーのかけ直しはしなくてもよいとわかり胸を撫で下ろしたが、総裁選挙が終われば消費税率が変わる可能性が高く、税込み定価を刷り込んだスリップはどうするのかとかの問題もあり……ウムム。ま、かならずどうにか落ち着くものだが、それにしても嬉しくないことばかりだ。別に嬉しい話ではないが、13桁化に伴ってバーコードの重要性がさらに高まり、バーコード導入を見送ってきた出版社も新刊と重版にバーコード表示をし、在庫にもシール対応するなどの検討を始めたという。

取次会社は注文だけではなく、返品の迅速化・コスト削減にも力をいれており、返品システムに導入されたソータリングももちろんバーコードが所定の位置に印刷されているることが前提となっている。取次各社では注文・返品ともにバーコードの印刷がない商品の扱いがラインからはじかれ、後回しや、合間を縫っての処理となるのは間違いない。もっとも取次は大人だから「はじく」とか「遅らせる」などと過激な発言はしない。「OCR文字の読み取りは今後できなくなりますのでみなさんこれを機にバーコード表記を徹底しましょう」という穏当な呼びかけがあるのみだ。

本来、コード13桁化は業界インフラの根底にあるものの変更なのだから、業界こぞって憂慮すべき事件だ。しかし、これは当方の深読みが過ぎるとも言われそうだが「困りましたねえ」と腕組みをする取次関係者になぜか深刻な困惑・憂慮・慨嘆が見受けられなかった。さすがに大人だからね取次は。

さて、バーコードも普及し、ストアオートメーションも加速したが、それで書店がよくなったかというと、残念ながらそうは思えない。数年にわたって棚卸しをしない書店、文庫棚の欠本チェックをしない・教えない書店、それでもお客さんに在庫を検索させる書店、「常備」の仕組みやルールを知らない書店、一部の書店批判ではなく、どうもこれが大方の現実らしい。流通の精度・迅速性を高め、需給バランスを向上させ、読書離れに終止符をうつ。そのはずがいつのまにか巨大店舗の粗製乱造を助長させる、そのためのツールになりはててしまったのではないか。と酔っ払ったときに思うことがある。でも言わないよ、大人だからね。

▼ISBNの13桁化……とくに英語圏においてISBNコードの払底が予測されるとして、国際ISBN機関においてISBNの13桁化が決定され、2007年から実施された。1980年にバーコードを管理するEAN協会が国際ISBN機関に対し978という識別（接頭）番号を付与しBookland EAN（書籍という国番号）が誕生し、バーコードの世界では978で始まる13桁のコードが使われてきた。これに新たに979という識別番号の使用を許可し、ISBNをEANコードに一致させるというものである。日本の図書コード管理センターでは新たに13桁のISBN表示に切り替えることは多大なコストがかかることを考慮し、今後は流通過程でのコード読み取りをJANコードに一本化することによって既刊書のISBN表示は10桁のままでもよいこととした。JANコードの表示が100％に近づいていたこともあ

り、13桁化への移行はスムーズに進行している。【大江】

▼OCR……光学式文字読取装置（Optical Character Reader）。コンピュータが読みやすいように設計された書体で、日本ではJISで定められたOCR－Bという書体が一般的。バーコードが普及する以前の書籍や雑誌には、ISBNや定価等がこのOCR書体で印刷され、読み取り機でその文字を読み取っていた。読み取りにはコツが必要で苦手な書店員も多かった。最初は版元側でもOCR－B書体にする意味がわからず、白抜きのISBNや図柄の上にカラーで印刷されたISBNなど読み取りに適さないものもあった。【池田】

▼書店の棚卸し……店内の全商品の在庫点検・確認のこと。膨大な商品アイテムをかかえる書店の悩みの一つ。小売業である以上、棚卸しは避けて通れないが、毎日大量の雑誌や書籍が送品されてくる現場では苦労する。そのためだけにバイトを雇ったり、専門の業者に頼んだりすることも多い。7、8月に実施する店が多い。【池田】

「言葉づかいをあれこれ言われたくない」？

▼2006年10月

どの時代にも流行り言葉がある。いずれも若い人の間で生まれ、流布するのだが、それはその時代の気分をたちどころに伝達させるツールなのだから、必然ともいえる。またそれが繰り返されることこそ言葉の宿命なのだろう。思えば、団塊世代によって流行語の量産は始まったのかもしれない。その当時わたしたちの言葉に苦笑する当時の大人たちの嘆きを、ありありと思い浮かべることができる。だから、現在の流行語に憤慨するオヤジどもはもうすこし自己批判（これも当時の流行語だよ）したほうが懸命なのだ。しかし時代に貼りついた言葉はそれだけ陳腐化するのも早いので、言葉の老化はますます加速されることになり、大変だよね若い人も。

さて、量産される流行語に浸っていても、実社会に入るとこれではどうにも具合が悪いようで、結構マジに（ヒャッ！）社会人用語マニュアルで再武装するようになる。このマニュアルっぽい言葉がかなりダサくて（ヒョエー！）昔風に言うならば噴飯物（フンメシモノと読むなよ）なのである。せっかく旧世代と折り合いをつけようとお勉強したのだからこのあたりはすこし修正をいれたほうがよかろう。

出張中というわけでもないのに、外出先から、あるいは社内においても内輪の電話をかけると「お疲れ様です」と言われる。「疲れちゃいねえよ」と思いつつ、悪意やイヤミで言っているようすでもないので、やりすごすしかないが、「おはようございます」や「こんにちは」、もっとくだければ「やあ」とか「どうも」でいいだろう。大型のチェーン店舗などでもへんな丁寧語に遭遇する。「〇〇円とレシートのお返しでございます」……レシートはお釣りか？　どうしても丁寧に言いたいのなら「〇〇円のお返しとレシートです」だ。商品の陳列は一種の謎解きでもあるのでなるべく尋ねることはしないようにしているが、どうしてもギブアップすることがある。何しろ近頃は店舗も広大なのでわからなくなると疲れてどうにもならぬ。「〇〇はどのへんでしょうか」と尋ねると、無言でせわしなく歩き、棚から抜き出すと、サッと手渡し、「ありがとうございましたぁ」とくる。「いや、これじゃなくて……」と戸惑っていると、さらに違う棚から商品を抜き取り「ありがとうございましたぁ」……まだ買うって決めてねえんだよ！

小売店接客マニュアルでビシバシ鍛えられた結果なんだろうなあ、ん？ まてよ、それをキビシク指導したのは団塊か？ ムムム。それよりもなによりも「アンタに言葉づかいをあれこれ言われたくない」ってか？ ごもっともで。

インフラ整備がもたらしたもの

▼2006年11月

情報・物流インフラが整備され、書店はストアオートメーションを急速に推進することになった。そしてそれが書店の質的向上をもたらすはずであったが、それによって得られた糊代はいつのまにか巨大店舗の粗製乱造を助長させ、店舗個々のクオリティーはむしろ著しく低下したのではないか。という9月号（139号）の「ひとりごと」に対し、複数の書店・取次関係者から同感するという感想をいただいた。しかしその構造を平面的に図式化し、慨嘆するのではなく、たぶん、いや間違いなくそこにはそうなるべくした必然があるのだから、きちんとそれを論じておくべきだと思った。

優位な立地に巨大な店舗をできるだけローコストで迅速に先取りすることのほうが既存の小さな店舗のクオリティーを上げることより大きな売り上げを確保でき、競合に打ち勝つ近道だ。この現実が頭打ちとなり、出店競争が一定程度沈静化するまでこの傾向は終わらない。コツコツと棚に手を入れ、独自の文脈を見事なまでに築き上げてきた書店が力尽き、それればかりかその商店街までもが廃墟となってしまった例を私たちはいやというほど見てきている。だからこのような負のムーブメントを書店は耐えに耐えて終わりの見えない競争に参加し、必死にそこに留まっているのだと思うのだ。

一方、出版社も情報・物流インフラの整備とともに、素早く需要に対応することが可能となり、弊社のような中小規模の企業でもベストセラーといえる成果を引き出せるようになってきた。かつてとは違い、社内のどこにいてもすべての商品が、美本・返本・付き物などの在庫と、書店におけるリアルタイムの売れ行き傾向を把握できる。すばらしいことではないか。

が、しかし、それでわれわれの出版メディアは強化されたのだろうか。出版という個性的なメディアの可能性にわれわれは恐ろしく無関心になってはいまいか。書店の店頭に並んでいる平積みを眺めて、「軽い、ウスッぺラだ」と感じてしまうのは杞憂か。その多くの責任を負うべきはむろん書店ではなく出版社であろう。

かつては余りにも時代遅れの営業感覚であった出版業界が、今ようやくその点では世間の常識に近づいてきた。しかし同時に出版メディアの可能性の多くを喪失しはじめているとしたらあまりにも皮肉なことに違いない。書店よ、出版社よ、3千部の人文書を売り切る、つまり僅か3千人に伝えることにさえ価値を認め合う奥行きを私たちは持っている。メディアとしての質量が違うのだ。

▼**出店競争**……書店が競合店との競争の中でシェアを確保するために店舗を増やすこと。１９８０年代にはロードサイドに駐車場を備えた郊外型書店を次々に出店した書店チェーンが成長し、１９９０年代の終盤からは都市部のターミナルに図書館のような大型店舗の出店が相次いだ。そして21世紀に入ると各地に建設された巨大ショッピングセンターのテナントとして大型書店チェーンが相次いで出店している。特に近年は出版市場が拡大しない中での熾烈なシェア争いが続いている。【星野】

新書はどこまで膨張するか

▼2006年12月

岩波書店、中央公論新社、講談社、文藝春秋、新潮社、河出書房新社、光文社、丸善、集英社、平凡社、朝日新聞社、宝島社、太田出版、ＰＨＰ研究所、ＮＨＫ出版、音楽之友社、学習研究社、角川書店、幻冬舎、廣済堂出版、ごま書房、三一書房、実業之日本社、日本実業出版社、白泉社、早川書房、扶桑社、二見書房、洋泉社、有斐閣、祥伝社、徳間書店……まだまだありそうだ。漏れていてもご勘弁。みーんな新書出版社だ。ほとんどの出版社が毎月複数の新刊を出しているわけだから、その点数は１００を下ることはない。書店も大変だよなあ。新書恐るべし！

なんでまたこんなに溢れかえっちゃうほど出るんだろうね。「そんじゃあ、おまえんとこやめろ」ってか？　そうはいかない。しかし、これは勘だから適当に聞いてほしいのだが、男性誌と総合誌が休刊・廃刊になるたびに新書が増えてゆくような気がする。ってことはこのまま新書が増えていって、雑誌がみーんななくなっちゃったりして。ん？　でも、なんだかありそうで怖い仮説だ。

果てしなく脱線するが、この100点以上の新刊書目が全部雑誌の目次だと思えば決して多くはない。えーっ！（書店のドヨメキ）。もともとオヤジに広告なんていらんのだし、えーっ！（デンパクのドヨメキ）。これってある意味、メディアと物流のスリム化かも。えーっ！（取次のドヨメキ）。うーむ、恐ろしく雑駁だがスケールのでかい仮説だ。

さらに脱線。であるならば、メインの店頭がコンビニに移っちゃった雑誌をオヤジのぶんだけ書店が取り戻したともいえるのか。おおお！（書店の感動）。そもそも雑誌よりも配本が自在だし、注文も返品もＯＫなわけで。おおお！（さらに書店の感動）。この勢いならば目次が２００になろうが３００になろうがWelcomeじゃねえのか？　おおお！（書店・取次・デンパク・出版社に感動の嵐）。

ゴメン、そんなわけないよね。書店の新書売場はすでに満杯だしさ。だけど出版社だって苦しいんだよおぉぉ！　早くどこかやめちまえ！

書店専用の「webどすこい」だぁ！

▼2007年1月

筑摩書房ホームページがリニューアルした。というより、ここまで変わると建て直しだね。とにかく百聞は一見にしかず、今すぐ開いてみよう。一般読者向けサイトはもちろん、買い物まで含めてぐっと見やすく、便利になったのは言うまでもないが、スタッフが一番力を入れたのは書店専用サイト「webどすこい」だ。

「webどすこい」は自分たち営業スタッフが、書店でお願いされることとお願いしたいことで埋め尽くされている。なにしろサイトを作っているのが営業スタッフ自身だからブレがない。すぐに役立つメニューを並べてみよう。

(1)お客様の質問・要望にすぐお答えできる！

書名・著者名・キーワードのどれからでも検索できる。「えーと、ほらあの著者……」

リアルタイムの在庫情報と重版情報がわかる。「で？　手に入るの？　どうなの？」

書誌データは書影・内容紹介つき。「ホラ、▲▽について書かれた本でさぁ……」

パブリシティや掲載広告も紹介。「●○新聞の広告に載ってた本ください」

(2)売れ筋商品ですぐに店頭対策ができる。

パブ情報からバーコードつき注文書をダウンロードし、すぐに発注！

カラーPOPをプリントして飾りつけ。簡単！

(3) いつも苦労するフェア作り。心強い支援システム登場。

キーワード、著者などで絞り込み検索。さらに在庫のあるものだけ選んで注文書を出力。

発注はバーコードでもFAXでもOK！

面白そうなのでちょっとお試し。「靖国」で在庫のある商品を検索してみよう。『右翼・行動の論理』（猪野健治著）、『敗戦後論』（加藤典洋著）、『靖国問題』（高橋哲哉著）、『ナショナリズム』（浅羽通明著）、『中庸、ときどきラディカル』（小谷野敦著）、『広島第二県女二年西組』（関千枝子著）フムフム、ほう、関千枝子さんの『広島第二県女……』かあ、なるほどね。検索で呼び出さなければ、まず出てこなかっただろう。しかもすごくいいかも。もうすこしほしいので「A級戦犯」で引くと……おっ、出た出た『巨魁　岸信介研究』（岩川隆著）いいぞいいぞ。『「勝者の裁き」に向き合って』（牛村圭著）かぁ、これもいいかも。

遊んでいるときりがない。しかし、これってすべての出版社でできたらもっと便利だろうね。取次さん、どう？　考えてみたら。検索条件から「買い切り品除く」なんてあったりして。

さあ、今すぐ開いてみよう。

メディアとしての「出版業界」

▼2007年2月

出版業界は村社会である。周辺業界からしばしばそのように指摘されるのは、度を越えた平等主義の有り様や、今なお存続し続ける再販制度など、熾烈な競争に晒されながら新しい市場を開拓している他業界から見ればある意味当然のことである。

因みに私見だが、再販がいまだに存続し続けること以上に、メーカー・流通・小売がこぞって定価販売を望んでいることこそ他業界から見ればビックリに違いない。それでは、公取から睨まれるほどに「村」であることの予定調和がなぜいつまでもはびこるかというと、これはかならずしもそれぞれのプレーヤーの保身や怠慢によるわけではない。

出版業界はあまたある業界のなかで、業界自体がひとつのメディアとして機能し続けているというただ一点で異例である。出版社、書店、取次、そして著者や読者までもがこの壮大なメディアの構成者であり、そのメディアのなかで、自らのパフォーマンスに腐心し、成功に酔いしれ、そして失敗を繰り返す。見ようによっては、なかなかよくできた小宇宙だ。書店はその小宇宙にあって、もっともわかりやすい劇場性を持つ。なかなかよくできた仕掛けなのだ。ベストセラーが出れば店の1等地にドッサリと本が山積みされるのも、もちろんそれを大量に売って得られる利益も重要だが（じつはそれほどの儲けはない）、話題の本が店頭で目立ってないことはメディアとして機能していないということになり、利益の多寡を超えて許されないことなのだ。穏やかな緊張感に満ちたい業界ではないか。

出版業界は現在長期の低迷期にある。放送やインターネットなどの膨張するニューメディアにタジタジの状態である。加えて、ネット書店の台頭はその自己完結型システムにより、古き良き村社会の存続を脅かしているようにさえ見える。しかし、よく考えてほしい。これだけの共同体がこれほどの長きにわたって存続してこられたのは偶然ではない。それは「本」という媒体が、この村と書店という劇場に、「いまさら語るのも憚られる」ほどに馴染んでいるものなのだということと、さまざまな媒体やネットワークがいかに発展しようと、「本」という腰の据わった媒体は、その本質において他に譲ることはありえないということとに「大人」としての自信を持ち続けてよいはずだ。

長きにわたり、本欄にて自由気儘に書かせていただいたが、そろそろ次世代に譲る時がきた。しばしば真摯なご批判や、時には思わぬ方々からのご賛同もいただいた。そのことを良き思い出とさせていただく。

解説および友人としての言葉

●菊池明郎

「蔵前　新刊どすこい」の「営業部通信」のうち、前取締役営業局長である故・田中達治君が執筆したすべてを集めたものが本書である。

田中君が現役を退く少し前くらいに、私は出版界の仲間たちから「蔵前　新刊どすこい」を1冊に纏めてくれたら、出版界の若い人たちの勉強に役立つと聞かされていた。彼が闘病に専念するために、「営業部通信」の執筆を離れたのが2007年初頭だったが、その直後からそのような提案が社内外でより強くなった。本にすることを嫌がる彼を私が無理矢理説き伏せて、ある出版社から刊行されることが昨年の春には決まった。ただし自分で加筆訂正を行うことと、ゲラのチェックをするということが、彼の付けた条件だった。表面的には豪放磊落に見えた田中君だが、実は誠実で繊細なと言ったほうが当たっているくらいの性格の持ち主だった。したがって彼の出した条件は当然と言えば当然であった。しかし残念なことに作業に入り始めたころ、病状が悪化していった。結局彼の付けた条件が、彼の死によって満たされなくなったため、発行しようとしていた出版社は計画を断念した。

ところが生前の田中君と、業界の仕事を通じて親しく付き合ってくださったポット出版の沢辺社長が、今年になって新たに出版したいと筑摩書房に対して申し入れをしてくださった。社業の一環として田中君が書いた文章であるが、著作権はご遺族に属すると判断した私たちは、早速未亡人に連絡を取った。すぐに快諾のご返事を頂戴し、改めて本作りの作業に沢辺さんに入っていただいた。

本人の校訂作業は入らないが、ゲラをかつての部下たちが見ることと、業界用語等に注をつけることで、出版にこぎつけることができた。その上30年以上の長い間友人であり会社の先輩である私が、「あとがき」に代わる言葉を本書に加えることが条件となった。

「営業部通信」は筑摩書房が会社更生法による再建を開始した1979年から、書店・取次向けの新刊案内の最終頁のコラムとしてスタートした。最初は担当者によるお知らせだけだったが、当時販売課長だった私がこの欄を、一年後の1980年1月号から引き受けた。自分の言葉で書店・取次の現場の方々にメッセージを届けることをモットーに、なりふり構わず書き続けた。田中君に代替わりしたのは、私が社長に就任した直後の1999年8月号からだった。彼が書き始めると間もなく、多くの社員たちは「菊池さんと田中さんではレベルが違うね」と言ってきた。もちろん私の方が彼の足元にも及ばないという意味だった。実際何回か読んでいるうちに、私も脱帽せざるを得ないなと率直に感じた。彼は営業や物流の現場の問題をきちんと把握した上で、読者である書店・取次の現場の人たちの理解と共感が得られる言葉で、様々な角度から説明し解決の方向を示した。

私の知っている限りここまでものをはっきり言える営業マンは、出版界広しといえども彼の他に若干いるかどうかであろう。しかしこの境地に至るまでは「勇み足」もあった。ある販売会社が先進的な物流システムを完成させたとき、初期トラブルに見舞われていたのを揶揄してしまったのだ。「文庫通信」という彼が独自に立ち上げた、手書きのメッセージを売りにする書店・取次向け案内の中での筆禍だった。販売会社の社長を筆頭に、役員・幹部クラスの多くの人たちが怒っているということが聞こえてきた。当時販売課長だった彼は相当落ち込んでいたが、こういう時は上司（当時営業部長）である私が頭を下げに行くしかないと思って、お詫びに行ったことを鮮明に記憶している。そうしたところ、後にその会社の社長に就任された方が、「この人正しいことを言っているよ、菊池君」と声をかけてくださった。そのことを田中君に伝えたところ、やっと笑顔を取り戻し、「理解する人はいるもんだ」と嬉しそうにした。このような一件があってからは、彼は多少用心してものを言うようになったような気がする。

田中君の凄さは、物流部門の経験がその後の販売の仕事、そして業界のインフラ作りの仕事に見事に生かされたということだ。30年以上前、彼は倉庫担当者の募集に応じて入社したのだが、当時社員は誰も倉庫に行きたがらなかった。なぜなら筑摩書房の倉庫は元・小学校の木造校舎を改築したひどいもので、夏は猛烈に暑く冬はもの凄く寒いという劣悪な労働環境におかれていたからだ。田中君もそのことはこぼしていたが、物流を通して本社サイドの仕事の進め方を冷静に見ていた。当時の営業は売上を伸ばすために無理に送品をして、大量の返品をかぶるという悪循環に陥っていた。資金繰りが逼迫している中でやむを得ない面もあったが、なぜそのような無駄なことをするのかというのが、彼の率直な疑問だった。それから間もなく筑摩書房は「会社更生法」を申請する破目になった。そのとき彼が抱いた営業や物流のやり方に対する疑問が、その後の彼の仕事の原点となったのだから、物流担当者としての出発が、出版界の抱える矛盾や問題を彼によく見えるようにしたのかもしれない。

「倒産」から再建に踏み出して間もなく販売課長に就任した私は、彼を物流担当から販売課へ迎え入れた。この人事は大正解だった。彼は大変なアイデアマンでありかつ実行力も抜群だった。データを駆使した営業の元祖のように言われていた彼にも別の側面があった。大きな全集を売るのも得意だったのだ。その大きな全集の代表格である「明治文学全集・全100巻」は、1989年最終回配本の「索引」が完成し完結にこぎつけた。その6年前筑摩書房営業部は99巻までの本巻部分が完結したときに、当時35万円以上するセットを1200セット販売した実績があった。89年は99巻セットを大量に販売してから僅か6年しか経過していない時期だったので、索引を含めたフルセットを600セット売れば大成功という認識だった。以前は公共図書館や大学図書館に営業マンが出向いてセールスをして、1200セットの販売が実現したのだが、多額の出張費の負担や営業マンの疲労は大変なものだった。そのことの反省に立った田中君は、あらかじめ図書館にパンフレットのDMを徹底して実施した。DMが届いた頃を見計らって、当時販売課長だった彼は、部下に図書館への電話セールスを命じた。筑摩書房の全集が図書館から評価されていたこともあったと思うが、この手法が大成功を収め、あっという間に完売にこぎつけた。省エネ・ローコストオペレーションそのものだった。以後「筑摩世界文学大系」、「現代日本文学大系」、「世界古典文学全集」など30万円から50数万円のセットが、この販売手法を軸にいずれも短い期間で完売した。

田中君は出版業界のインフラ作りにも大いに貢献したが、その一端は本書からも窺い知ることができる。他方彼は大変勘のいい男で、筑摩書房が少々儲けたときに、本社ビルを買うことを役員会で提案した。私を含めて他の役員は全く考えもしなかったことだったが、本社ビル購入計画を恐る恐る実行に移してみると、最終的には大きな成果が得られた。

私にとって田中君は友人であり、仕事仲間であり、弟のような男だった。何か問題が起こると、安酒場で夜遅くまで何度も話をしたことが昨日のことのように思い出される。運命だったのかもしれないが、未だに彼を失ったことがくやしくて仕方ない。本書の刊行が、彼の仕事の凄さを多くの若い人たちに伝えることを確信している。

菊池明郎

2008年6月15日

田中　達治（たなか　たつじ）

1950年7月23日千葉県銚子市で生まれる。

1976年3月法政大学文学部英文科を卒業。

同年筑摩書房に入社。

管理部（倉庫部門）に配属。

1978年同社倒産劇を倉庫（管理部）で迎える。

1980年12月営業部へ異動。千葉、埼玉、北関東の書店営業を担当。

1988年課長に昇進。

1993年4月営業部次長に昇進。

1999年6月営業部長に昇進。「営業部通信」を菊池営業部長から代わり執筆開始。

2000年6月取締役営業部長に就任。

2001年10月「筑摩書房全集謝恩セール」（再販弾力運用）を実施し盛況に終わる（2002年も実施）。

2004年10月組織改編で取締役営業局長就任。

2007年7月病気療養に専念するため取締役を退任し顧問に就任。


また、長年にわたり業界インフラ整備にかかわる。主なものは次のとおり。

1990年出版社10社合同での全国主要38書店の売上スリップ回収を行い売上げ分析システム、レインボウネットワーク創設に参加。

1991年からの出版VAN立上げ、書籍バーコード普及。

1997年新潮社、文藝春秋、筑摩書房3社で文庫補充システム「コロンブス」（ColmBuS　文庫補充のハンディターミナルシステム）。

1994年「S-NET」（スリップ共同回収）。

1996年「P-NET」（POSデータ配信ネットワーク）。

1997年7月共有書店マスタ・ユーザ会代表世話人。

2000年「出版ゴールドサービス」（共有書店コードを利用したファクシミリ一斉同報サービス）。

2001年「Book-Order.Net」（出版社・書店共用サイト）、7月物流部門も担当。

2002年4月有限責任中間法人日本出版インフラセンター設立にかかわる。

2003年4月日書連加盟店のみならず日本国内すべての書店を網羅した「書店データベース」（S-DB）を整備するため、共有書店マスタ・ユーザ会と日書連の協業化に尽力。


2007年1月12日「田中達治さんに感謝する会」参加者へのお礼状で
「病は誰にも等しく訪れるものです。私は思いもよらず早くその日を迎えてしまいましたが、悲観はしておりません。「明日」をイメージすることができる限り、病に向き合い、治療に取り組む覚悟です。またいずれそれが及ばなくなる日が訪れても、静かに流れるようにすべてを受容したい、そのような自分でありたいと念じております。

出版業界はますます厳しい未来に直面しています。しかしながら、メディアとしての出版は他のメディアと比較し、深く、重く、誠実に伝える力を持っています。

その力を最大に発揮するための業界システムをみなさんで築き上げてください。

私はもとより、無数の読者がみなさんを応援しています。頑張ってください。」のメッセージを残し闘病生活に入る。

2007年11月23日午前0時45分（2003年5月発病の前立腺癌で）癌研有明病院にて、永眠　57歳。

●「解説および友人としての言葉」執筆
菊池明郎
　きくちあきお／1947年生れ。
　筑摩書房代表取締役

●注執筆　有限責任事業組合(LLP)版元ドットコム有志

池田茂樹　いけだしげき／1965年生れ。
　スタイルノート(組合員社)代表取締役
大江治一郎　おおえじいちろう／1945年生れ。
　会友、JPO（日本出版インフラセンター）常務理事
工藤秀之　くどうひでゆき／1972年生れ。
　トランスビュー（組合員社)代表取締役
桑原耕二　くわばらこうじ／1953年生れ。
　会友
沢辺均　さわべきん／1956年生れ。
　ポット出版(組合員社)代表取締役
須田正晴　すだまさはる／1974年生れ。
　太郎次郎社エディタス(組合員社)営業担当
高島利行　たかしまとしゆき／1965年生れ。
　語研(組合員社)取締役営業部長
塚田敬幸　つかだたかゆき／1972年生れ。
　彩流社(会員社)総務部長
星野渉　ほしのわたる／1964年生れ。
　会友、文化通信社出版担当部長
矢野未知生　やのみちお／1979年生れ。
　青弓社(組合員社)編集部
吉岡正志　よしおかまさし／1974年生れ。
　七つ森書館(会員社)社員

■な

■は

◉注索引

■あ

■か

■さ

書名――――どすこい　出版流通
副書名―――筑摩書房「蔵前新刊どすこい」営業部通信1999-2007
著者――――田中達治
編集 ――――那須ゆかり
編集協力 ――杉山弘
ブックデザイン ―沢辺均
協力 ――――筑摩書房、池田茂樹、大江治一郎、工藤秀之、桑原耕二、須田正晴、高島利行、
塚田敬幸、星野渉、矢野未知生、吉岡正志
発行――――2008年7月17日［第一版第一刷］
2008年11月7日［第一版第二刷］
2011年2月21日［第一版第三刷］
定価――――1,800円＋税
発行所―――ポット出版
150-0001 東京都渋谷区神宮前2-33-18#303
電話　03-3478-1774
ファックス　03-3402-5558
www.pot.co.jp
books@pot.co.jp
郵便振替口座　00110-7-21168
印刷・製本 ―シナノ印刷株式会社
ISBN978-4-7808-0117-0　C0000

DOSUKOI PUBLISHING DISTRIBUTION
by TANAKA Tatsuji
First published in Tokyo Japan, July 17, 2008
by Pot Pub.Co.,ltd
#303 2-33-18 Jingumae Shibuya-ku
Tokyo,150-0001 JAPAN
www.pot.co.jp
books@pot.co.jp
Postal transfer:00110-7-21168

ISBN978-4-7808-0117-0　C0000

書籍DB●刊行情報
1 データ区分――1
2 ISBN――978-4-7808-0117-0
3 分類コード――0000
4 書名――どすこい　出版流通
5 書名ヨミ――ドスコイ　シュッパンリュウツウ
7 副題――筑摩書房「蔵前新刊どすこい」営業部通信1999-2007
13 著者名1――田中　達治
14 種類1――著
15 著者名1ヨミ――タナカ　タツジ
22 出版年月――200807
23 書店発売日――20080722
24 判型――四六判
25 ページ数――200
27 本体価格――1800
33 出版社――ポット出版
39 取引コード――3795

本文●ラフクリーム琥珀・四六判・Y目・71.55kg(0.130)／スミ
見返し●ビオトープGA・カカオビーンズ・四六判・Y目・90kg
表紙●アラベール・オータムリーブ・四六判・Y目・200kg／TOYO 10827
カバー●ファーストヴィンテージ・オーク・四六判・Y目・103kg／ミレニアムブラック＋オペーク白＋UV厚盛(グロスタイプ)／マットPP
オビ●ニューエイジ・四六判・Y目・70kg／TOYOCF 10827
使用書体●游明朝体M＋游明朝体五号かな＋PGaramond　游見出し明朝体　見出しゴ　太ゴ　ゴシックMB101　PFrutiger
2011-0103-1.0 (4.5)

石塚さん、書店営業にきました。

著●石塚昭生　定価●2,000円+税

書店と出版社が「本を売る」ためにすべきことはなにか。

両者が互いに力を合わせるための実践的書店営業の方法。

2008.02発行／ISBN978-4-7808-0113-2／四六判・並製／240頁

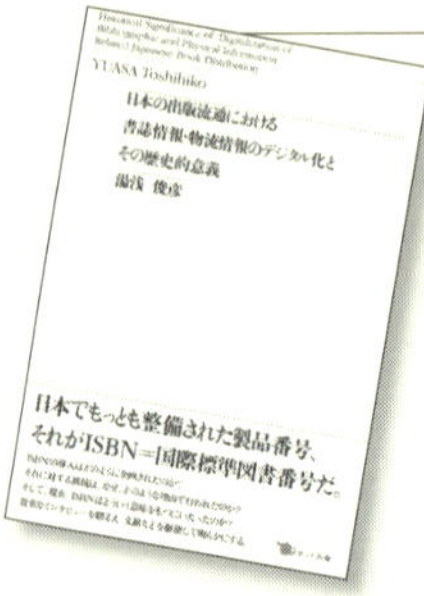

日本の出版流通における書誌情報・物流情報のデジタル化とその歴史的意義

著●湯浅俊彦　定価●3,200円+税

出版流通においてISBN導入はなにをもたらしたのか——。

豊富な資料とインタビューを元にひもとく。詳細な索引付。

2007.12発行／ISBN978-4-7808-0111-8／四六判・上製／376頁

出版流通合理化構想の検証

ISBN導入の歴史的意義

著●湯浅俊彦　定価●2,800円+税

出版社・取次・書店による様々な流通合理化の構想と

「ISBN」、「日本図書コード」導入の関係を、詳細に考察。

2005.10発行／ISBN978-4-939015-80-9／四六判・上製／200頁

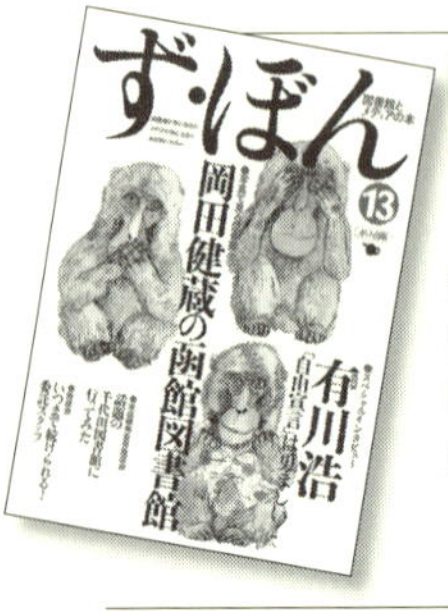

図書館とメディアの本

ず・ぼん13

編●ず・ぼん編集委員会　定価●2,000円+税

傑出した図書館人・岡田健蔵と函館図書館を特集。

『図書館戦争』の有川浩インタビューなど。

2007.11発行／ISBN978-4-7808-0108-8／B5判・並製／200頁

「ず・ぼん」バックナンバーも発売中◎1号、3〜7号、9〜12号
［※2号、8号は絶版］

●全国の書店、オンライン書店で購入・注文いただけます。

●以下のサイトでも購入いただけます。

ポット出版◎http://www.pot.co.jp　　版元ドットコム◎http://www.hanmoto.com